Paul Kampffmeyer
Friedrich Ebert

AF131966

SEVERUS Verlag

Kampffmeyer, Paul: Friedrich Ebert. „Fritz" als Politiker und Mensch.
2020
Neuauflage der Ausgabe von 1923
ISBN: 978-3-96345-243-7

Korrektorat: Friederike Grube, Lisa Seidelt
Satz: Lisa Seidelt

Umschlaggestaltung: Annelie Lamers, SEVERUS Verlag

Bibliografische Information der Deutschen Nationalbibliothek: Die
Deutsche Nationalbibliothek verzeichnet diese Publikation in der
Deutschen Nationalbibliografie; detaillierte bibliografische Daten
sind im Internet über https://dnb.de abrufbar.

Der SEVERUS Verlag ist ein Imprint der Bedey & Thoms Media GmbH,
Hermannstal 119k, 22119 Hamburg

SEVERUS Verlag, 2020
http://www.severus-verlag.de
Gedruckt in Deutschland
Der SEVERUS Verlag übernimmt keine juristische Verantwortung
oder irgendeine Haftung für evtl. fehlerhafte Angaben und deren Folgen.

Paul Kampffmeyer

Friedrich Ebert

„Fritz" als Politiker und Mensch.
Biographie eines Zeitgenossen

Inhalt

Das alte und das neue Deutschland 3

In Heidelberg 7

Erste politische Lehrjahre Eberts 16

Führer der Arbeitermassenbewegung 24

Die Weltanschauung Eberts 34

Fern vom unfruchtbaren Radikalismus 41

Moderne Literatur und Jungarbeiterschaft 44

Der Arbeitersekretär und
Kommunalpolitiker Ebert 52

Die moderne Jugendbewegung und Fritz Ebert 64

Fruchtbare Einigungsarbeit Eberts 72

Die neue Weltpolitik 77

Ebert für Verständigungsfrieden und Demokratie ... 81

Schrittmacher der deutschen Demokratie 85

Eberts Verdienste um den jungen Staat 90

Kultur fördern und Gegensätze ausgleichen 99

Das alte und das neue Deutschland

Wenige Wochen nach der Kaiserproklamation von Versailles wird Fritz Ebert in Heidelberg geboren. Diese Proklamation ist das Schlussglied einer Kette tiefgreifender politischer Umwälzungen, die Deutschlands politische Karte völlig neugestaltet haben. Bismarck, ein praktischer Verächter des Legitimitätsprinzips, leitet 1866 eine Revolution von oben ein, sprengt den alten verrotteten „Deutschen Bund" in die Luft, dem schon ein ganz durchdringender Verwesungsgeruch entströmte, und annektiert das Königreich Hannover, das Kurfürstentum Hessen-Kassel, das Herzogtum Nassau und die freie Stadt Frankfurt a.M.

Drei erfolgreiche Kriege festigen einen autoritären Obrigkeitsstaat, der das Parlament zu einer Schattenexistenz verkümmert und die staatsgestaltende Kraft der aufkommenden *neuen* Klassen der Arbeiter und Angestellten in eisernen Zwangsfesseln hält.

Das „Deutsche Reich" ist politisch eine Fortsetzung des alten Preußens, wirtschaftlich aber streben im Rahmen des geeinten Reiches *neue wirtschaftliche und politische Mächte* empor, die schließlich die atembeklemmende Schnürbrust der veralteten Reichsverfassung mit einem gewaltigen Ruck zerreißen. In ihr konnte sich aber immerhin wirtschaftlich ein Großkapitalismus mit starken kollektivistischen Ansätzen entfalten, in ihr konnte sich eine Partei organisieren, die folgerichtig die Ideale der Demokratie des Jahres 1848 erweiterte und vertiefte und den bürgerlichen Republikanismus in einen Sozialrepublikanismus umformte.

Bereits im Jahre 1871 treten sich das *alte autoritäre, machtpolitische* Deutschland und das *neue, freiheitliche,* sich auf das *Selbstbestimmungsrecht stützende* Deutschland messerscharf gegenüber. Am 10. Mai 1871 schließt das preußisch-deutsche Kaisertum den Frankfurter Frieden mit Frankreich ab und entreißt dem besiegten Lande das tief in der französischen Kultur wurzelnde *Elsass-Lothringen.* Damit wird das Selbstbestimmungsrecht der Elsass-Lothringer mit Füßen getreten, und damit werden zugleich die Scheite für den Weltkriegsbrand des Jahres 1914 gehäuft. Am 21. Juli 1871 erhebt die sächsische Staatsanwaltschaft eine Anklage wegen vorbereitenden Hochverrats gegen die leidenschaftlichen Vorkämpfer des neuen Deutschlands, gegen Liebknecht und Bebel, weil diese im engsten Bunde mit dem Braunschweiger Ausschuss der sozialdemokratischen Partei zu großen Massendemonstrationen *gegen die Annexion von Elsass-Lothringen* aufgerufen hatten. Bebel und Liebknecht waren mit dem Geist und Feuer des Jahres 1848 getauft. Sie wollten das Deutsche Reich von unten auf durch eine allgemeine Volksbewegung schaffen. Es war ein tief symbolischer Akt, als der Reichspräsident Ebert in den Maitagen 1923 in Frankfurt a.M. der nationaldemokratischen Bewegung des Jahres 1848 huldigte. Das *neue soziale Deutschland* reichte damit dem *demokratisch-nationalen Deutschland* des Jahres 1848 die Hand.

Die deutschen Fürsten hatten durch eine Politik gegenrevolutionärer Staatsstreiche und Verfassungsbrüche die Fundamentierung eines einigen Deutschland durch eine demokratisch-nationale Bewegung verhindert und damit eine gewaltsame Lösung des deutschen Problems durch den Militarismus vorbereitet, der durch drei blutige Kriege doch nur zu einem fragmentarischen Deutschland und zu einem bewaffneten, durch den deutsch-französischen Konflikt zerklüfteten Europa geführt hat.

Diese Zerklüftung Europas hat 1870–71 *das junge soziale Deutschland* zu *verhindern* gesucht. Wenige Tage nach der Septemberniederlage des französischen Kaiserreichs veröffentlichte der Braunschweiger Ausschuss der sozialdemokratischen Partei einen Aufruf, der einen ehrenvollen Verständigungsfrieden Deutschlands mit Frankreich und eine radikale Abwendung von jeder Annexionspolitik forderte. Das Braunschweiger Manifest sagte den furchtbaren Weltkrieg voraus. „Nehmen sie Elsass-Lothringen", so hieß es in dem Aufruf, „so wird Frankreich mit Russland Deutschland bekriegen, und es ist überflüssig, die unheilvollen Folgen zu deuten". Kühn warf das neue Deutschland den unerhört neuen Ruf in die Massen hinein: „Es lebe die Republik!" Das neue Deutschland geht also seinen eigenen Weg in der Außenpolitik. Es bricht grundsätzlich mit einer Eroberungspolitik, die mit dem Schwerte ganze Landesteile einem Staat ab- oder zuschlägt, ohne nach den Lebensinteressen ihrer Bewohner zu fragen. Keine Herren- und Sklavenvölker sollen mehr bestehen, sondern nur noch gleichberechtigte Nationen.

Innerpolitisch knüpft das neue Deutschland an die Demokratie des Jahres 1848 an. Es ruft die volle Volkssouveränität aus und will in den Verfassungsformen alles beseitigen, was den Staat zu der Domäne einer Herrscherfamilie, einer Dynastie herabdrückt. Mehr als fünfzig Jahre ist die deutsche Geschichte von dem großen Kampfe für eine freie politische Selbstbetätigung der Volksmassen ausgefüllt. Die Sozialdemokratie leitete ihre Anhängerschaft zur lebendigsten Anteilnahme an allen bedeutungsvollen staatlichen Aktionen an, sie erzog sie in jahrzehntelangem Ringen um die Demokratie zum Staate selbst.

Das neue Deutschland ist das *Deutschland der politischen und wirtschaftlichen Selbstbetätigung* der Massen. Ein neuer Typus des Deutschen entsteht: der *Gewerkschaftler*,

5

der *organisierte Angestellte, das rührige Mitglied einer großen Partei.* Das neue Deutschland offenbart sich in den Vereinigungen und Verbänden *der um ihre wirtschaftliche und politische Befreiung ringenden Frauen.*

Das neue Deutschland ist das Deutschland der *Volksbühnen,* der *Arbeiterbildungskommissionen,* das Deutschland der *Jugendbewegung* und der *Körperkultur der Massen.* Das neue Deutschland wirkt sich in der Begründung einer alle Wissensgebiete umfassenden *selbständigen Arbeiterliteratur* aus.

In dem großen Ringen des neuen Deutschlands um Macht und Ansehen hat sich die eigenartige Persönlichkeit *Fritz Eberts* voll entfaltet. Wer die ganze geistige und sittliche Struktur dieses Mannes von der vielgestaltigen deutschen Arbeiterbewegung loslösen will, der vernichtet damit das Geschichtlich-Bedeutsame in der Person Fritz Eberts.

Natürlich ist Fritz Ebert nicht ein bloßes passives Geschöpf der wirtschaftlichen und sozialen Verhältnisse der großen Umwälzungsperiode von 1871 bis 1918, sondern er ist ein hochaktiver Mitschöpfer der Geschichte dieser Zeit gewesen. In sich vereinigt er eben die wertvollen geistigen und sittlichen Qualitäten, die ihn zum wirklichen Führer unserer Zeit bestimmten. Und es wird gerade die Aufgabe unserer kurzen Lebensbeschreibung des Menschen und Politikers Ebert sein, diese persönlichen Fähigkeiten, die den ehemaligen Arbeiter zum höchsten Staatsamte in Deutschland emportrugen, tageshell zu beleuchten.

In Heidelberg

Der Kanonendonner des siebziger Krieges rollte noch über die Schlachtfelder Frankreichs, als Fritz Ebert zur Welt kam. In der engen Pfaffengasse Heidelbergs beschrie er am 4. Februar 1871 zuerst die Wände einer einfachen Schneiderwohnung, in der die ernste Sorge um die nackte Existenz oft zu Tische saß. Der Vater Eberts, ein Schneidermeister, arbeitete mit mehreren Gesellen und Lehrlingen. Die Mutter Eberts stammte aus einem Dorfe des Odenwaldes und war protestantisch getauft und erzogen worden. Der Schneider Ebert, der in einer katholischen Häuslichkeit aufgewachsen war, nahm an dem protestantischen Glaubensbekenntnis seiner Frau keinen Anstoß, und so blieb denn sein enges Heim von allem konfessionellen Hader verschont, den der harte, mit der Polizeiplempe geführte Bismarcksche „Kulturkampf" in so überreichlichem Maße in Preußen und auch in den deutschen Einzelstaaten entzündet hatte. Den idealistischen Schwarm für das sogenannte „protestantische Kaisertum" hat wohl nie den tief in sehr realen Ängsten und Nöten steckenden Schneidermeister Ebert ergriffen. Schnell wuchs nämlich die Familie heran, und gar flink musste die Nadel fliegen, da sie acht hungrige Magen mit Brot versorgen musste.

In die enge Pfaffengasse leuchtete von jenseits des Neckars das Grün der Berge hinein, und in dem alten Hof des Hauses spann sich in den Winkeln und Treppen romantischer Zauber. Die Berge lockten, und so litt es den jungen Fritz nicht in der drangvollen Häuslichkeit in

der Pfaffengasse. Der tobte seine Jugendlust in den wald-
umkränzten Bergen und am rauschenden Neckar aus. Die
Wein- und Obstgärten Heidelbergs wussten viel von den
losen Streichen des Knaben Fritz und seiner Kameraden
zu erzählen. Von den Bergen stieg die übermütige Jugend
zum Neckar hinab. Hier tummelte sich Ebert mit seinen
Freunden besonders häufig, und man heftete ihnen den
Spottnamen der „Neckarschleimer" an.

In der Nachbarschaft der väterlichen Werkstatt befand
sich die Mietskutscherei von Seppich. Ebert sprang hel-
fend den Kutschern bei, erlernte im Fluge ihr Handwerk;
er wartete sorgfältig die Pferde ab, spannte sie vor den
Wagen und lenkte mit Umsicht das Gefährt. Noch heute
erinnert sich die alte Mutter Seppich freudig ihres stets
hilfsbereiten „Friederle". Schon frühzeitig betätigte Ebert
den Grundsatz, der ihm tief im Fleisch und Blut sitzt:
„Bloß nicht ohne Arbeit!"

Fritz besuchte die Volksschule, und er wurde mit der
dürftigen geistigen Volksküchenkost gespeist, die in den
siebziger und achtziger Jahren des verflossenen Jahrhunderts allgemein verabreicht wurde. Was er aber nicht in der
Schule lernen konnte, das lernte er da draußen im Leben.
Eine mehrhundertjährige Geschichte erhob sich vor ihm
in Stein. Moosbewachsene Trümmer und efeuumrankte
Türme erzählten von wüsten Kriegszügen und Einbrü-
chen, die grausam die höchsten Schöpfungen deutscher
Baukunst zerstört hatten. Aber von welcher Romantik und
Schönheit waren diese Ruinen noch umflossen? Diese
redeten stimmungsvoll und mächtig packend auf den jungen Ebert ein.

So hart auch der Existenzkampf der Familie Ebert war,
so schallte doch die jubelnde Lebensfreude einer sanges-
frohen studentischen Jugend in die enge Schneiderwerkstatt Meister Eberts hinein. Kommersliedergesang füllte

oft die alten Straßen Heidelbergs, und bis tief in die Nächte hinein lärmte studentische Ausgelassenheit. Da mochte oft noch die Mahnung des kunstverständigen Fürsten Otto Heinrich an die Studentenschaft am Platze sein: „Dess tags friedlich, dess nachts auch mit gebührlichem licht und laterne, ohne geschrey, ungestümmigkeit, unlust und betrübtnuss anderer Leute ihres weges zu gehen." Ja nach der „betrübtnuss anderer Leute" wurde von den trunkenen dionysischen Schwärmern nicht viel gefragt, wenn sie nachts durch die schwach erleuchteten Straßen Heidelbergs tollten!

Unvergessliche Bilder von jugendlicher Schönheit und Kraft strömten in den Heidelberger Jahren auf den jungen Ebert ein. Da bedeckte sich der Neckar mit zahllosen geschmückten Booten und in ihnen sangen die jungen Musensöhne ihre übermütig-lustigen Weisen, da schritten historische Festzüge durch die Straßen dahin, da lag im roten qualmenden Feuer der Fackeln die ehrwürdige Ruperto-Carola, die Universität, da flammten in magisch-bengalischem Licht die herrlichen Fassaden der Heidelberger Prunkbauten auf.

Am Vormittag des Sonntags Laetare durchströmte ein langer, langer Kinderzug unter Führung des „Sommers" und „Winters" Alt-Heidelberg. Die Kinder schwangen lustig die „Sommerstecken" und sangen das „Sommertagslied" mit dem Kehrreim:

Schtrih, schtrah, schtroh,
Der Summersdag ist do,
Heit iwers Johr,
Do simmer widder do(r)!

Der junge Ebert hatte das fröhliche Herz des Pfälzers mit auf die Welt gebracht, und er nahm durstig all das Farbige und Freudige in sich auf, was eine sonnige, durch erhabene Kunstschöpfungen verklärte Natur an Schönheit und Größe darbieten kann. Das aus Blüten gewebte „schimmernde Brautgewand" Alt-Heidelbergs, das der Dichter Victor v. Scheffel so begeistert besungen hat, hob ihn über die Alltagsmisere der bescheidenen Schneiderwerkstatt des Vaters hinweg. Auch das rege Interesse an der ernsten Arbeit lebensgestaltender Wissenschaft scheint schon in ihm in der Musenstadt Heidelberg erwacht zu sein. Als er die Gewerbeschule seiner Vaterstadt besuchte, bewies er ein ganz hervorragendes Können in der Projektionslehre. Sein Lehrer Dr. Lender bemühte sich daher, den geweckten Knaben dem Baufach zuzuführen. Aber Nadel und Schere des Vaters, die sechs Kinder ernähren und kleiden mussten, konnten nicht die Mittel für ein derartiges Studium aufbringen.

Ebert wurde katholisch erzogen, und er nahm zur Ergänzung des Volksschulunterrichts zwei Jahre an der pfarrlichen Christenlehre teil. Auch hier erwies er sich als ein geweckter Schüler, dem von der Kanzel herab öffentlich Lob erteilt wurde. Eine besondere Begabung für die Gottesgelahrsamkeit scheint er allerdings nicht bekundet zu haben. Aber vielleicht ist ihm dort einmal nahegelegt worden, Geistlicher zu werden. Das Dogmatische lag allerdings nicht in seinem Wesen. Der kritische Geist war in ihm frühzeitig lebendig. Der Pfälzer – und dieser prägt sich klar in der ganzen Persönlichkeit Eberts aus – ist ein stets auf der Wacht liegender Kritiker, der alle Dinge von vorn und hinten prüft und dann sehr offenherzig und derb mit seinem scharfen Urteil herauskommt. Die Pfälzer sind im Allgemeinen keine religiösen Grübler. Auch die Eltern Eberts haben keinen Einschlag von religiösem Fanatismus. Von der religiösen Frömmigkeit der Pfälzer hat schon der Kulturhistoriker W.H. Riehl in seiner Studie „Die Pfälzer" vor mehr als einem halben Jahrhundert geschrieben: „Die Pfälzer sind von Hause aus religiös, aber ein besonders kirchliches Volk kann man sie nicht nennen. In der Familie und in der persönlichen sittlichen Tüchtigkeit wurzelt ihre Religiosität viel mehr als in einem festen kirchlichen Gemeindeleben. Die Moral steht ihnen über der Dogmatik und beide über dem Kirchenregiment, wohl auch die Schule über der Kirche. Der Pfälzer ist duldsam gegen Andersgläubige, drückt aber leichter da ein Auge zu, wo er zu wenig, als wo er zu viel Glauben und Kirchentum sieht."

Fritz Ebert hat auf der Straße gelernt, was viele in langen Jahren im Studierzimmer nicht lernen und auch nicht lernen können: das Leben richtig zu ergreifen und es zweckvoll zu gestalten. Seiner *intellektuellen* Begabung nach hätte er sicher einen tüchtigen wissenschaftlichen Fachmann abgegeben. In der Gewerbeschule leistete er Hervorragendes und er wurde mit einer Prämie ausgezeichnet, mit Schillers Werken. Aber die Fähigkeit der schnellen Aneignung wissenschaftlicher Kenntnisse charakterisiert noch nicht das ureigenste Wesen Fritz Eberts. Dieser ist durch und durch *Tatmensch*, er will *organisieren, schaffen, umgestalten*. In ganz jungen Jahren wird er schon ein Organisator von ganz besonderer Tüchtigkeit.

Helle Augen und helle Ohren sind eine Mitgift der Natur, sie können nicht künstlich angezüchtet werden. Der Gelehrte häuft oft ein riesenhaftes Wissen im Kopfe an, aber dadurch werden kurzsichtige geistige Augen nicht fernsichtig. Unser mit formalem Wissen überladenes Zeitalter verkennt häufig die ausschlaggebende Bedeutung angeborener Anlagen, weittragender geistiger Augen, schnell und sicher zupackender Hände. Da wundert man sich über den schnellen Aufstieg einfacher Arbeiter zu führenden Männern in der Wirtschaft und Politik. Ja, diese Männer haben ja nicht einmal den „Berechtigungsschein zum einjährigen Dienst"! Sie sind „ungebildet". Die Bildung eines Menschen wird in unserer Zeit immer noch nach der rein mechanischen, gedächtnismäßigen Einprägung zahlreicher, meist unzusammenhängender Tatsachen aus allen möglichen Wissensgebieten gemessen. Ob diese Tatsachen innerlich verarbeitet und in den Menschen gleichsam hineingebildet wurden, ob sie mit ihm wirklich verwuchsen und seine eigene ursprüngliche Kraft *zu größerer Aktivität* steigerten, darüber zerbrechen sich die Bildungsstolzen unserer Tage nicht den Kopf, wenn sie die „Bildung" irgendeines Mitmenschen bewerten sollen.

Nur dann ist ein Mensch gebildet, wenn er sich bestimmte äußere Kenntnisse zu „eigen" gemacht hat, sodass diese nun die tiefsten inneren Bedürfnisse seiner Natur befriedigen. Nur Menschen mit wirklichen Bildungsbedürfnissen können gebildete Menschen werden. Der Mensch muss sich von vornherein darüber entscheiden, was zu ihm und was nicht zu ihm gehört, wenn er sich tatsächlich „bilden" will. Ein Ebert griff aus den mannigfaltigen Bildungselementen, die auf ihn einstürmten, gerade *die* heraus, die seinem ganzen tatfreudigen Wesen entsprachen. Er eignete sich die naturwissenschaftlichen, nationalökonomischen und historischen Tatsachen an, die ihn zum Wecker und Führer einer sich auf sich selbst besinnenden Klasse erziehen halfen.

Nietzsche spricht einmal in den höchsten Wendungen von der griechischen Bildung, weil die Griechen „das Chaos zu organisieren" lernten, weil sie sich auf ihre *echten Bedürfnisse* zurückbesannen und die Scheinbedürfnisse absterben ließen. Dieses sich *Zurückbesinnen auf seine eigenen echten Bedürfnisse* charakterisiert nun vor allem den modernen Arbeiterführer. *Seine Wissenschaft ist schaffendes Wissen, ein seine und die Energie seiner Klasse steigerndes Wissen.* Seine Wissenschaft ist eine kämpfende Wissenschaft.

Sie entspringt den wirklich elementaren Bedürfnissen seiner Klasse.

Der moderne Arbeiterführer lebt in einer von ungeheuren Revolutionen erschütterten Zeit. Alles ist im Werden, alles in fast katastrophaler Entwicklung. Das Eindringen in die großen Entwicklungstendenzen auf allen Gebieten wird für ihn eine Lebensnotwendigkeit. Man blättere den Verlagskatalog einer Arbeiterbuchhandlung durch, und man wird daraus überall den Schrei der Arbeitermassen nach Belehrung über die großen Umwälzungen in den Naturwissenschaften und in den historisch-gesellschaftlichen Wissenschaften vernehmen.

Der Arbeiterführer vom Schlage Fritz Eberts besann sich auf seine echten Bedürfnisse. Er schöpfte seine Kenntnisse aus der unmittelbarsten Gegenwart, er erlebte an seinem eigenen Leibe und an seiner eigenen Seele ein gewaltiges Stück gesellschaftlicher Entwicklung. Das, was er sich an Kenntnissen erwarb, gehörte geistig zu ihm. Diese Kenntnisse waren keine äußere „Dekoration des Lebens", kein schmückendes Beiwerk. Diese Arbeiterbildung hatte etwas Echtes, aus den brennenden Lebenswünschen und Lebensforderungen der Arbeiter Entsprungenes an sich. Sie hatte einen stärkeren Einschlag von Kultur als das konventionelle, angedrillte äußere Wissen des „Einjährig-Freiwilligen".

Eine tüchtige, weitsichtige, geistige Gestaltungskraft macht einen Mann erst zu einem wirklich gebildeten Menschen. Aus dieser Kraft erst wachsen elementare geistige Bedürfnisse heraus, die ja notwendige Vorbedingungen jeder echten Bildung sind. Über diese weitschauende Gestaltungskraft verfügte aber Fritz Ebert. Nach ihr schätzt man schon längst in dem „Lande der unbegrenzten Möglichkeiten" den Menschen und nicht nach der Zahl seiner „Berechtigungsscheine". Dort klomm der ehemalige

Ackerknecht und Holzhauer Abraham Lincoln zum Präsidenten der Vereinigten Staaten empor.

Männer von starker Fähigkeit des Erlebens und von großer Schaffenskraft werden vor allem durch das Leben erzogen. In einer mit geistiger Kultur geladenen Atmosphäre wird Fritz Ebert groß. Sein angeborenes Interesse für wissenschaftliche Arbeit findet willkommene Nahrung in der Universitätsstadt Heidelberg. Zu seinen offenen Sinnen spricht die Geschichte der Pfalz in ihren glänzenden Kulturschöpfungen. Aus dieser vor ihm liegenden greifbaren Geschichte hat er mehr gelernt als Stubenhocker aus den dicksten historischen Schmökern.

Ebert ist ein impulsiver Mensch mit stark entwickeltem Ehrgefühl. Jede körperliche Züchtigung bringt sein Blut in heftige Wallungen. In seinem letzten Lehrjahr in einer größeren Sattlerei und Täschnerei Heidelbergs werden ihm Ohrfeigen angedroht. Er wirft den Hammer empört hin und schaut sich nach neuer Arbeit um. Er wird früh in das Leben hineingestellt und muss sich als Achtzehnjähriger wirtschaftlich behaupten.

Ein Mann mit hochentwickeltem persönlichen Ehrgefühl hat oft auch ein feines Verständnis für das, was sich für seine ganze Klasse geziemt. Die Missachtung, die seine Klasse trifft, beleidigt ihn persönlich. Das gilt vor allem für einen jungen Mann wie Fritz Ebert, in dem frühzeitig der Kulturmensch durch die Universitätsstadt Heidelberg geweckt ist. Die von Lassalle so heftig gescholtene „verfluchte Bedürfnislosigkeit" des deutschen Arbeiters, der sich in den sechziger Jahren des verflossenen Jahrhunderts noch leicht mit einem Stück schlechter Wurst und mit einem Glas Bier zufrieden gab, ist von ihm gewichen. Er will an den Kulturerrungenschaften seiner Zeit, die ihn überall in der schönen Musenstadt grüßen, teilnehmen. Aber von diesen drängt ihn eine harte, kampferfüllte Klas-

14

senwelt rücksichtslos ab. Sein scharfer Verstand begreift schnell, dass diese Welt überwunden werden muss, wenn er als voller Kulturmensch erstehen will. Diese Erkenntnis macht ihn zum Sozialisten.

Erste politische Lehrjahre Eberts

Nach strenger Lehrzeit greift Fritz Ebert zum Wanderstab. Zunächst wendet er sich nach Karlsruhe und München, dann nach Mannheim, der mächtig aufblühenden Industrie- und Handelsstadt Badens. Aus der poetischen Romantik Heidelbergs wird er in die prosaische Nüchternheit einer Handels- und Industriestadt geschleudert. Wie auf einem Reißbrett gezeichnet, liegt Mannheim vor ihm: Schnurgerade Straßen schneiden sich rechtwinklig und setzen sich regelrecht zu Quadraten zusammen, nach denen sich die ganze Stadt gliedert. Alles Historisch-Traditionelle scheint von dieser Stadt abgestreift zu sein. Der rechnende Zahlenmensch ist hier zu Hause; Zahlen und Buchstaben bezeichnen in Mannheim die Wohnviertel und Straßen.

Ebert wird in Mannheim von dem gewaltigen Strom modernen Großstadtlebens gepackt. Fast drei Jahrzehnte pulst hier eine an Kämpfen und Siegen reiche Arbeiterbewegung. Vor einem Vierteljahrhundert wurde in Mannheim von Dreesbach das „Badisch-Pfälzische Volksblatt" gegründet. Im Stadtrat hatte sich die Arbeiterschaft bereits 1878 eine gewisse Machtposition erobert.

In enge Berührung mit der Arbeiterbewegung Mannheims kam Ebert durch den Stiefbruder seines Vaters, durch den Schneider Strötz. Dieser war ein sehr rühriger Sozialdemokrat, der in den Ideengängen des Sozialismus heimisch war. Im Allgemeinen wurzelte wohl die Sozialdemokratie Mannheims noch stark im Lassalleanismus. Dreesbach, der Mannheim in unermüdlicher Werbetätigkeit für die Sozialdemokratie gewann, war ein alter Lassalleaner. Der Lassalleanismus betont vor allem die Bedeutung des Staates für den Befreiungskampf der arbeitenden Klasse. Der Staat war einem Lassalle nicht nur ein Herrschaftsinstrument der besitzenden Klassen, er war ihm auch ein Organ der ganzen Gesellschaft zur Erfüllung gesellschaftlicher Aufgaben. Durch den Staat setzte sich das allgemeine Interesse durch, und, den Spuren Hegels folgend, übertrug der große Agitator dem Staate die große Mission, die Entwicklung des Menschengeschlechts zur Freiheit zu vollbringen. Der Staat des allgemeinen Wahlrechts sollte die wirtschaftlichen Mittel vorstrecken, um die kapitalistische Wirtschaft in die sozialistische umzuwandeln.

Lassalle begeisterte die Arbeiter stürmisch für ihre weltgeschichtliche Mission, eine neue Kulturepoche heraufzuführen. Ihr Ziel wurde zu einem allgemeinen Menschheitsziel, ihr Interesse zum großen Menschheitsinteresse. Lassalle gab nach Oncken den Arbeitern den „Gott", für den sie sterben konnten, er trug einen neuen idealen Inhalt in ihre ganzen Kämpfe hinein.

Der Lassalleanismus vermittelte den Arbeitern eine hohe Meinung von der schöpferischen, Staat und Wirtschaft umgestaltenden Kraft des allgemeinen Wahlrechts. Eine sozialistische Seele strömte dadurch in die Wahlkämpfe der Arbeiter über, sie schlugen sich in diesen Kämpfen, gerade als wenn es sich um den Sozialismus selbst handelte.

Der Marxismus sieht in dem Staat nur das Geschöpf der wirtschaftenden Gesellschaft. Der Staat formt nicht die Wirtschaft, nein, die Wirtschaft formt den Staat. In der kapitalistischen Gesellschaft reift eine neue gesellschaftliche Produktion, die nun mit Naturnotwendigkeit die kapitalistische Hülle, die alte Produktionsform sprengt. Das neue revolutionäre Moment liegt nicht im Staat, sondern in der Wirtschaft. Für den „Staatskultus" eines Lassalle hatte Karl Marx nur derbe spöttische Bemerkungen übrig.

Die kritisch-wegwerfende Behandlung, die Marx dem Staate angedeihen ließ, passte zunächst nicht in den Rahmen einer Bewegung hinein, die zum ersten Male die Arbeiter zu einer *politischen* Partei mit bestimmten *politischen* Zielen vereinigte. Gerade weil diesen Arbeitern der Staat mit dem allgemeinen Wahlrecht von so entscheidender Bedeutung für ihren ganzen Emanzipationskampf erschien, legten sie eine elementare Wucht und einen begeisterungsvollen Schwung in ihre Wahlkämpfe hinein.

Der Marxismus mit seiner eigenartigen Wertung der Wirtschaft für die staatliche Entwicklung, mit seiner Lehre vom Klassenkampf und Klassenstaat begann erst mit dem Erscheinen der „Neuen Zeit" (Januar 1883) seinen Vormarsch. Erst das Jahr 1891 brachte mit dem Erfurter Programm den wirklichen Sieg des Marxismus.

Jedenfalls gab es 1889 in Mannheim nur wenige Sozialdemokraten, die sich als sattelfeste Marxisten aufspielen und den jungen Ebert in die Grundlehren von Karl Marx einführen konnten. Und so schwangen denn wohl Lassallesche Ideen in seinem Denken, das ein schärferes sozialistisches Gepräge erst durch seine Beteiligung an den *praktischen* Arbeiterkämpfen erhielt.

In den Jahren 1889 und 1890, in diesen zwei letzten Jahren der Handhabung des „Sozialistengesetzes", regte sich nämlich kräftig die *Fachvereinsbewegung*. Die Arbeiter, über denen drohend das Sozialistengesetz schwebte, konnten es noch nicht wagen, sich zu großen zentralen Gewerkschaftsverbänden zusammenzuschließen. Sie gründeten daher Fachvereine, Vereine der Tischler, Zimmerer, Sattler usw. Dieser *Fachvereinsbewegung* schloss sich der junge Ebert in Mannheim an.

Als Pfälzer war Ebert von vornherein nicht stark in seiner inneren Entwicklung vom katholischen Dogma beeinflusst worden. Seine Befreiung von der Kirche vollzog sich daher ohne jede innere Hemmung.

Katholiken, die aus dem mystischen Halbdunkel der Kirche den Weg „ins Freie" finden, werden häufig fanatische „Freidenker". Den ersten sozialdemokratischen Redner, den Fritz Ebert in einer Mannheimer Volksversammlung hörte, war der „Freidenker" Dr. Rüdt. Dieser war ein sehr wirksamer Massenredner, in dessen Ansprachen und Vorträgen der Kampf gegen die Religion und Kirche eine große Rolle spielte. Gerade dieser beredte Mann übte häufig auf Katholiken, die an ihrem Glauben irregeworden waren, eine große Suggestivkraft aus. Sie gaben sich mit voller Leidenschaft der freireligiösen Bewegung hin und vergaßen über die Propaganda des freireligiösen Gedankens das Werben für den Sozialismus. In Dr. Rüdt steckte viel Kulturkämpferisches. Er war mehr Freireligiöser als Sozialdemokrat. Sein freireligiöses Bekenntnis, das im Wesentlichen wohl der Apothekerweisheit des Kraft- und Stoffphilosophen Ludwig Büchner entstammte, trug er offen in die Tagespolitik hinein. Dadurch schädigte er schwer den klugen realpolitischen Kurs der sozialdemokratischen Partei in Baden, der trefflich von dem Stadtrat Dreesbach gesteuert wurde. Dr. Rüdt verschwand bald aus dem badischen Landtag und widmete sich ganz der freireligiösen Bewegung. Er ist als Hauptsprecher der „proletarischen Freidenker" in München gestorben.

Es ist bezeichnend, dass sich der junge Ebert nicht von der freireligiösen Musik des Menschenfängers Rüdt betören ließ. Mit klaren Augen erkannte er das, was vor allem einer aufstrebenden Klasse nottut: Brot und Freiheit. Ihn zog die politische und gewerkschaftliche Bewegung an, die den breiten Massen als Ziel eine menschenwürdige Existenz vor Augen stellt. In seinen Reden finden sich keine Spuren eines kulturkämpferischen Draufgängertums, einer grundsätzlichen Kriegsansage gegen Religion und Kirche.

Der im Katholizismus erzogene junge Mensch begreift im Allgemeinen die sich in vielen Menschenherzen regenden metaphysischen Bedürfnisse viel klarer als der Protestant, dessen Religion im Allgemeinen fest auf den Rationalismus eingestellt ist. Der Katholizismus umschließt das ganze menschliche Leben mit der Mystik seiner Sakramente und verschmilzt den ganzen Menschen innig mit einer einheitlichen, weltbeherrschenden kirchlichen Organisation.

Fritz Ebert, als er in sich die katholische Weltanschauung überwunden hatte, huldigte nicht der Illusion, er könne mit einigen Kraftsprüchlein aus dem „Pfaffenspiegel" das Fundament einer Machtinstitution erschüttern, das standhaft den Stürmen der Reformation und vieler Revolutionen getrotzt hatte.

Ebert ist für die Kraftphrase unempfänglich, sie umnebelt seine Sinne nicht. Für die wirklichen Dimensionen der Dinge hat er ein angeborenes feines Schätzungsvermögen. Seine Vorstellungskraft ruht auf der festen Erde und schweift nicht in blaue Fernen. Er ist ein Wirklichkeitsmensch, ein kräftiger Pfälzer. Der Pfälzer will alles im klaren Lichte des Tages sehen, und nicht im mystischen Halbdunkel der Kirche oder in den schreienden Farben einer künstlichen Theaterbeleuchtung. Gleichsam mit den Händen tastet er die Dinge ab, er prüft mit allen fünf Sinnen. Nach Riehl wurzelt der Geist des Selbstprüfens, Selbsturteilens, Selbstentscheidens bei keiner deutschen Volksgruppe tiefer als bei den Badensern und Pfälzern. „Mit diesem Geiste der Kritik und des Widerspruches sind", so schreibt Riehl, „viele der leuchtendsten Vorzüge der Pfälzer verbrüdert: ihre Aufgewecktheit, Rührigkeit, ihr Fortschrittseifer, ihre unverwüstliche Schnellkraft.."

Der kritische Zug des Pfälzers und Badensers, der sich im ganzen Wesen Fritz Eberts ausprägt, macht diesen besonders empfänglich für den sozialkritischen Geist der modernen Arbeiterbewegung.

Der junge Ebert betätigte sich Anfang 1889 vorwiegend gewerkschaftlich. Der leidenschaftliche *achtzehnjährige* junge Mensch marschiert seinen älteren Arbeitskameraden voran, um die Arbeits- und Lebensverhältnisse des Sattlergewerbes planmäßig zu heben.

Unleugbar muss in dem jungen Stürmer ein sehr tüchtiger Organisator und Agitator gesteckt haben, denn sehr verantwortliche Arbeiten werden ihm schon in Hannover von seinen Kameraden auf die Schultern gepackt. Im August 1889 tut sich dort die erste Zahlstelle des Sattlerverbandes auf, und Fritz Ebert wird schon zum Schriftführer dieser Stelle erkoren! Aber nicht nur im engen Rahmen des Sattlerverbandes wirkt er sich als eifriger Propagandist des Gewerkschaftsgedankens aus. In zahlreichen Gewerkschaftsversammlungen spricht er zu seinen Klassengenossen. In einer Riesenversammlung im Odeon Hannovers hebt er den Kampfesmut streikender Former.

In Hannover stürmte 1889 auch die populäre wissenschaftliche Literatur des Sozialismus, die der Guillotine des Ausnahmegesetzes verfallen war, auf den jungen Ebert ein. Diese Literatur brachte besonders plastisch den Entwicklungsgedanken zum Ausdruck. Mit dramatischer Wucht wälzte sich in dieser Literatur die ganze Gesellschaft, ihre wirtschaftlichen und staatlichen Institutionen, ihre Welt- und Lebensanschauung mit der technisch-wirtschaftlichen Umgestaltung der Produktionsmittel um.

Die illegale, die verbotene Literatur der Sozialdemokratie flutete in starken Strömen nach Deutschland. Der „rote Postmeister", Julius Motteler, versorgte von Zürich und London aus die heißhungrigen Leser der verfolgten Presse mit den schwersten Sendungen des verbotenen „Sozialdemokrat". Das war ein gepfefferter „Schweizer Käse", so hieß in Arbeiterkreisen vielfach der von der Polizei verfemte „Sozialdemokrat", der da den kämpfenden deutschen sozialistischen Proletariern geboten wurde!

Das verbotene Blatt lief in den Werkstätten herum, und in den Wirtschaften zog wohl dann und wann ein Arbeiter den „Sozialdemokrat" aus der Rocktasche und vertrieb ihn an Gesinnungsgenossen. Eine Hochflut von Broschüren ergoss sich überdies aus der Druckerei des „Sozialdemokrat" in Zürich-Holtingen über die deutschen Arbeiter.

Im Gesangverein „Waldesgrün" erhielt Ebert mit der verbotenen sozialistischen Literatur enge Fühlung. Mit gutem Menschenkennerblick entdeckten die Leiter des Vereins in Ebert die Charaktereigenschaften, die ihn zur Ausführung vertraulicher politischer Aufgaben befähigten. Und der neunzehnjährige junge Mensch führte mit größter Gewissenhaftigkeit die verschwiegenen Arbeiten aus, die ihn bei der drakonischen Handhabung des Sozialistengesetzes einige Monate hinter Schloss und Riegel setzen konnten.

Die revolutionär-sozialistische Literatur, in der das Feuer des „Kommunistischen Manifests" brannte, trieb zwar den jungen Brausekopf in die Reihen der entschlossensten und wagemutigsten Kämpfer, aber nicht in die Konventikel eines unfruchtbaren Radikalismus, der, auf das dreimal heilige Prinzip eingeschworen, in jeder praktisch-parlamentarischen Politik einen leibhaftigen Verrat des Sozialismus sah.

Ebert ist in diesen Zeiten ein leidenschaftlicher Sturmgeselle, der sein elementar durchbrechendes Temperament noch nicht recht meistern kann. Sein Arbeitsfeld ist aber im Wesentlichen der gesetzliche Boden der Gewerkschaftsbewegung. Die gewerkschaftliche Tätigkeit trägt ihm scharfe Maßregelungen ein. Seine wirtschaftliche Position wird in

Hannover unmöglich. Er muss sich eine neue Arbeitsstätte außerhalb Hannovers suchen. Und das gerade in einer Zeit, in der die Hochflut der Wahlbewegung durch diese Industriestadt (1890) braust. Er muss Hannover verlassen, das seinem ganzen Leben eine in die Zukunft weisende Richtung gegeben hat.

Führer der Arbeitermassenbewegung

Der Historiker Seignobos bezeichnet einmal die Gründung der sozialdemokratischen Partei als „ein Ereignis von internationaler Bedeutung". Zum ersten Male bildete „sich in einem Großstaat eine sozialistische Arbeiterpartei, die von einer ständigen Organisation (Zentralleitung, jährliches Parlament, offizielles Parteiorgan) geleitet war, über einen regelmäßigen Etat verfügte, im Namen eines bestimmten, gleichzeitig theoretischen und praktischen Programms vorging und unter den politischen Parteien eine dauernde Stellung behauptete. Diese deutsche Partei sollte für die übrigen Länder das Musterbeispiel liefern".

Diese Bewegung war, ganz objektiv betrachtet, eine Kulturbewegung von gigantischem Ausmaß. Sie schuf einer großen aufsteigenden Klasse eine populär wissenschaftliche und schöngeistige Literatur, weckte in ihr den politischen Kampfesmut, erzog sie in praktischen Wahlkämpfen, rüstete sie in Gewerkschaften und Genossenschaften mit wirtschaftlichen Waffen aus und entwickelte in demokratischen, politischen, wirtschaftlichen und sozialen Organisationen den Selbstverwaltungsgeist der arbeitenden Klasse.

Mit der Arbeitermassenbewegung ist *Fritz Ebert* in die umfassenden und vielseitigen Aufgaben eines modernen Arbeiterführers hineingewachsen. Im Jahre 1890 stimmen dem Ausnahmegesetz zum Trotz 1.427.298 deutsche Reichstagswähler für die Kandidaten der Sozialdemokratie. Die Gewerkschaften Deutschlands stehen aber noch auf sehr schwachen Füßen; denn ihre lose gefügten und durch den Organisationsstreit zerklüfteten Vereinigungen mustern nur 200.000 Mitglieder.

Ebert ist bereits 1889 ein Anhänger des gewerkschaftlichen Zentralverbandes, er hat die wirtschaftliche Schwäche lokaler Fachvereine schnell erkannt. Die Gewerkschaft hat nach seiner Überzeugung die Produzenten eines ganzen Arbeitszweiges zu erfassen, sie ist eine dauernde Institution, die dem Arbeiter in allen wirtschaftlichen Fährnissen eine gewisse Existenzsicherheit bieten muss. Sie rüstet den Proletarier nicht nur für den Lohnkampf aus, sondern sucht ihn auch gegen die existenzvernichtenden Folgen der Krankheit und Arbeitslosigkeit zu schützen. Sie ist ein soziales Versicherungsinstitut. Ebenso hat er tätigen Anteil an der Ausgestaltung des Gewerkschaftswesens genommen. Er ist auch noch als Reichspräsident Mitglied des Sattlerverbandes geblieben.

Den Gewerkschaften hat Ebert ein ausgedehntes Tätigkeitsfeld erkämpfen helfen. Fanatische Lassalleaner sahen lange Zeit in der gewerkschaftlichen Propaganda einen Verrat des sozialistischen Prinzips des Allgemeinen Deutschen Arbeitervereins. Bebel glaubte noch 1893 an ein zunehmendes Zusammenschrumpfen der Aufgaben der Gewerkschaften. Er führte auf dem Kölner Parteitag 1893 aus: „In Deutschland ist durch die sozialpolitische Gesetzgebung, zumal die Versicherungsgesetzgebung, dieser Zweig der gewerkschaftlichen Tätigkeit entzogen und ihr damit ein Lebensnerv durchschnitten worden, der gerade in England und bei den deutschen Buchdruckern zur Blüte beigetragen hat. Weitere wichtige Gebiete, deren Bearbeitung mit zu den Hauptaufgaben der Gewerkschaften gehörten, sind ihnen durch die Gesetzgebung auf dem Gebiete der Gewerbeordnung entzogen worden ..."

Die Zukunftsaufgaben der Gewerkschaften wurden also im letzten Jahrzehnt des 19. Jahrhunderts selbst von weitsichtigen Parteiführern sehr gering eingeschätzt. Umso höher ist der Eifer zu werten, den der junge Ebert in die Werbung neuer Gewerkschaftsmitglieder setzte.

Die ersten gewerkschaftlichen Agitatoren vereinigten um sich nur einen kleinen Stamm von Gewerkschaftsmitgliedern. Sie mussten ihre eigene wirtschaftliche Existenz immer und immer wieder zum Opfer bringen, wenn sie ihre Arbeitskameraden in einen Lohnkampf führten. Was der junge Gewerkschaftsleiter, wenn er dem Gewerkschaftsgedanken ein neues Terrain gewinnen wollte, für persönliche Opfer zu bringen hatte, das beweist die Lebensgeschichte Fritz Eberts, die Dr. Franz Diederich in seiner Schrift: „Führer des Volkes: Fritz Ebert" (Verl. C.A. Schwetschke & Sohn, Berlin) aufgezeichnet hat: „Fortan lernte er, was es heißt, bei den Innungsmeistern des Sattlerhandwerks rot angestrichen zu sein. In Kassel, wo er alsbald Wilhelm Pfannkuch und die Runde der anderen Sozialisten kennen lernt, gründet er wieder eine Sattlerzahlstelle, wird ihr Vorsitzender, leitet erfolgreich einen Streik der Militärsattler und wird kurz vor Pfingsten gemaßregelt. In Braunschweig, wo er die Aufhebung des Sozialistengesetzes erlebt, wird er wieder an die Spitze der Sattlerorganisation gestellt; weil er aber an den Innungsmeister Repenhagen, der Prügelstrafe für die Arbeitslosen vorschlug, einen Angriffsbrief loslässt, kann sein Meister, ob er schon ein prächtiger Mensch ist, ihn nicht mehr halten. In Elberfeld-Barmen stürzt er sich emsig in die Verwaltungsarbeit, die in der ersten Zeit nach dem Fall des Sozialistengesetzes aufflammte. Nach Bochum als Helfer bei der Dezembernachwahl geschickt, wird er auf diesem für die Sozialdemokratie noch heißen Boden verprügelt; als seine Elberfelder Kollegen ihn zur Verbandsgeneralversammlung delegieren, wird er gemaßregelt. Erst bei einem Kleinmeister in dem Städtchen Quakenbrück im

Osnabrückischen kann er sich eine Weile verschnaufen, und vom Mai *1891* ab sattlert er noch ein Jahr in *Bremen*. Dann allerdings ist die Arbeit in diesem Handwerk für ihn zu Ende."

Kurze Zeit ist Fritz Ebert „selbständiger" Sattler gewesen, und als solcher fristete er eine geradezu kümmerliche Existenz. Es fehlten ihm die notwendigsten Betriebsmittel an allen Ecken und Enden. Er musste sich daher die Auslagen vorschießen lassen, wenn er eine „selbständige" Arbeit übernahm. Er verrichtete für gewöhnlich Reparaturarbeiten bei seinen selbst durchweg unbemittelten Genossen.

In Bremen befördert der Sattlerverband den jungen Ebert wieder an die leitende Stellung. Das Gewerkschaftskartell erkürt ihn zum Vorsitzenden. Die jämmerliche Lage der Bäcker ruft ihn auf den Kampfplatz. Er springt in einer Broschüre mit Feuereifer für die streikenden Bäcker ein, und er weiß einflussreiche Männer in bürgerlichen Kreisen für diese Bewegung zu interessieren. Er gewinnt sich einen wackeren Kampfgefährten in dem Pfarrer Albert Kalthoff, der in bürgerlichen Blättern eine Lanze für die Bäcker bricht. Ebert erkämpft den Sieg für die streikenden Bäcker, die Führer der Bäcker aber werden gemaßregelt.

Ihnen sucht der Rastlose nun zu helfen. Er wird praktischer Genossenschafter. Ein Genosse Rönitz schießt Mittel für die Errichtung einer Genossenschaftsbäckerei vor. Nun setzt die unablässige Werbearbeit Eberts für die neue Genossenschaft ein. Aber damit nicht genug: Ebert fährt persönlich das Brot für die Arbeiterkonsumenten aus. Morgens früh fünf Uhr putzt er die Pferde, füttert sie und befördert das Brot in die Arbeiterquartiere. Abends aber steht er auf der Rednertribüne und befeuert den Eifer seiner Kameraden. In diesem kleinen Zuge charakterisiert sich Ebert trefflich als Mann der Tat. Sein Wesen ist Schaffen, Gestalten.

Neu ist die kühne Art, mit der sich Ebert in den Dienst des Genossenschaftsgedankens stellt. Frisch-fröhlich wagt er ein genossenschaftliches Experiment, obwohl die Arbeiterschaft im Allgemeinen noch meilenfern der genossenschaftlichen Praxis steht. Und nicht nur das. Der Arbeiterschaft war noch nicht einmal theoretisch die große Bedeutung des Genossenschaftswesens für die Hebung ihrer sozialen Lage aufgegangen. Gegen den Genossenschaftsgedanken verhielten sich noch große Gruppen der freiorganisierten Arbeiterschaft kühl und ablehnend. Die Lassallesche Lehrmeinung, dass die Genossenschaften niemals dauernd die proletarische Lebenshaltung beeinflussen könnten, war in den Köpfen führender Arbeiterschichten noch ein unumstößliches Dogma. Ebert aber lässt sich sofort in das große Wagnis der Begründung einer Bäckereigenossenschaft ein. Die Genossenschaft scheitert, da die Arbeiter, durch die Konsumvereine noch nicht zur sofortigen Bargeldzahlung erzogen, auf Kredit ihr Brot beziehen wollten, und da die junge Genossenschaft, die nur mit vier Bäckergesellen arbeitete, niemals imstande war, den großen Massen Kredit zu gewähren. Aber eine große und fruchtbare Lehre zog damals Ebert aus dem verunglückten genossenschaftlichen Experiment: Er begriff die Notwendigkeit der Organisation der genossenschaftlichen Kundschaft, bevor die genossenschaftliche Produktion irgendeines Bedarfsartikels mit Erfolg aufgenommen werden konnte. Der Konsumverein, der die Kundschaft erst zusammenfasst, muss der genossenschaftlichen Produktivgenossenschaft vorausgehen. Ebert wird in der Folgezeit ein umsichtiger Förderer der Konsumvereinsbewegung. Er hat praktisch die Vorurteile niederkämpfen helfen, die sich noch in sozialistischen Parteikreisen gegen die Genossenschaftsbewegung erhoben. Freundschaftliche Beziehungen verknüpften ihn in der Folgezeit mit den Leitern der deutschen Konsumvereinsbewegung.

Ebert ist seiner ganzen Richtung nach der *Typus des modernen Arbeiterführers*. Der alte Arbeiterführer war im Wesentlichen ein politischer Agitator, der bestimmte allgemeine Grundgedanken des Sozialismus in die Massen warf. Er war unter Umständen durch die Schriften Lassalles theoretisch für seinen Posten nicht schlecht vorgebildet worden, aber er ermangelte im Allgemeinen einer gründlichen Schulung durch die *politische Praxis*. Der moderne Arbeiterführer erkämpft sich ein ständig wachsendes praktisches Arbeitsgebiet. Er wird Gewerkschafter, Genossenschafter, Stadtverordneter, Arbeitersekretär, Landtags- und Reichstagsabgeordneter. Eine fast unübersehbare, vielseitige politische Praxis öffnet sich ihm nun. Er verwächst fest mit der Wirklichkeit, und er wurzelt im Bestehenden. Nüchterne politische Gegenwartsfragen verdrängen oft die in die blaue Ferne verschwimmenden Zukunftsfragen. Gewiss, dem theoretischen Kopf werden die großen, in die Zukunft führenden Entwicklungslinien nicht verloren gehen, aber dem Nurpraktiker verengt sich leicht in der Kleinarbeit der Gegenwart der geistige Horizont. Diese Entgleisung in die Beschränktheit einer nicht über die Nase schauenden politischen und wirtschaftlichen Tagesarbeit war bei einem Ebert ausgeschlossen, der durch den Marxismus in die allgemeinen, über den Kapitalismus hinausweisenden Entwicklungstendenzen eingeweiht war.

Die Aufgaben der Tagespresse wurden dem jungen Ebert durch seine Betätigung in der *Presskommission* der *„Bremer Bürgerzeitung"* nähergeführt. Die Presskommission hatte die ganze Haltung dieser Zeitung zu kontrollieren. Die Beschwerden, die gegen die redaktionelle Behandlung politischer, gewerkschaftlicher und lokaler Fragen erhoben wurden, gingen durch die Hand der Presskommission. Diese Beschwerden führten häufig zu langwierigen Diskussionen in den Presskommissionen; aber aus den Diskussionen erhielt ein geweckter Kopf wie Ebert sehr wertvolle politische Anregungen.

Von großer Bedeutung für die geistige Fortentwicklung Eberts wurde dessen Beschäftigung in der *lokalen Redaktion* der *„Bremer Bürgerzeitung".*

Am Beginn der neunziger Jahre des verflossenen Jahrhunderts gebot eine deutsche Arbeiterzeitung nicht über den großen persönlichen und sachlichen Apparat, der damals jeder einflussreichen bürgerlichen Zeitung zur Verfügung stand. Ein Stab befähigter Berichterstatter fehlte den Redaktionen der Arbeiterzeitungen der Provinz fast vollständig. Geweckte Arbeiter trugen vielfach den Arbeiterzeitungen Nachrichten zu. Diese Nachrichten waren in der Hast des Arbeitslebens schnell auf das Papier geworfen. Die freiwilligen Mitarbeiter der Arbeiterpresse konnten die Glaubwürdigkeit dieser Nachrichten nicht nachprüfen.

Die flüchtigen Aufzeichnungen von Arbeitern wurden nun von den Lokalredaktionen zu Notizen, Berichten und Aufsätzen verarbeitet. Diese redaktionelle Tätigkeit erforderte eine angestrengte kritische Arbeit, denn oft wüteten sich die Gefühle der Empörung und Erbitterung in den Aufzeichnungen der Arbeiter hemmungslos aus, die ihre sozialen Konflikte mit staatlichen und bürgerlichen Gewalten zu Papier gebracht hatten. Man lernte aus den Berichten oft nicht die Wirklichkeit kennen, sondern nur die Leidenschaften, die diese Wirklichkeit in den Seelen der Arbeiter erzeugt hatte.

In der redaktionellen Verarbeitung der Einsendungen der Arbeiter erwies sich nun Ebert als guter Psycholog. Er hatte tief in die sozial erregten Seelen der Arbeiter hineingeschaut, und er kannte gut die massenpsychologischen Kräfte, die häufig Wahrheit in Dichtung wandelten. Neben der Lokalredaktion wurde ihm noch die Berichterstattung für den Gerichtsteil der „Bremer Bürgerzeitung" aufgepackt. Eine unerschöpfliche Belehrung über Menschen und Dinge floss ihm aus dieser Tätigkeit zu.

In der Lokalredaktion der „Bremer Bürgerzeitung" hat Ebert ein Jahr lang in blutsaurer Schweißarbeit gestanden. Er erhielt für seine aufreibende Tätigkeit 25 Mark wöchentlich. Ein Entgelt, das die mit Arbeitergroschen geschaffenen kleinen Provinzblätter mit Mühe und Not für ihre Redakteure auslegen konnten. Der Arbeiterredakteur hatte am Beginn der neunziger Jahre des verflossenen Jahrhunderts immer noch schwere persönliche Opfer zu bringen, wenn er das verantwortliche Amt eines Arbeiterredakteurs übernahm.

In Bremen half Fritz Ebert noch nebenher in der Expedition der Zeitung. Er stand in der Nacht zwischen 2 und halb 3 Uhr auf, begab sich zur Expedition und übermittelte den Zeitungsträgerinnen die „Bremer Bürgerzeitung" zum Austragen in die Häuser der Abonnenten.

Aber die Bremer Arbeiterschaft schätzte in Ebert nicht allein den Redakteur, sondern auch den volkstümlichen Redner. Als Minderjähriger hat er in Bremen oft auf der Rednertribüne gestanden. Da lärmten denn die „Bürgerlichen" über den jungen Mann, der zu Reichstagswählern sprach, und nicht einmal das Reichstagswahlrecht selbst besaß. Aber gestützt auf eine fest zu ihm stehende Masse, wusste sich der junge Politiker Gehör zu verschaffen, und so heimste er schon in ganz jungen Jahren schöne propagandistische Erfolge ein.

In diesen Zeiten ist Ebert ein *Agitator* im edelsten Sinne des Worts gewesen, ein Tätigkeitswecker, der die Massen zur lebendigen Gestaltung politischer und sozialwirtschaftlicher Gedanken anregen will. Ein Agitator – ich schlage ein Fremdwörterbuch der Globus-Bücherei nach und lese dort: Agitator = Aufwiegler, Hetzer. Diese Definition des Agitators ist nicht ungewöhnlich, sie ist typisch.

Sie ist aus der Psychologie eines ruhebedürftigen Bürgertums geschöpft, dem die Entfesselung aller Massenenergien ein Gräuel ist. Es hält dumpfe Passivität der Massen für einen normalen, gesunden Zustand der Gesellschaft.

Die Masse will politisch und sozial über sich hinausgeführt werden, so fasst Fritz Ebert seine Aufgabe als Agitator auf. Selbst ein unablässig Tätiger, will er politisch schaffende Kräfte in den Massen entbinden. Als Former eines emporführenden Massenwillens folgt er den Fußspuren der großen Meister der deutschen Arbeiterbewegung, der Bebel, Auer, Grillenberger, Vollmar usw. Er wird ein *erfolgreicher Agitator*, ich kenne keine ehrenvollere Bezeichnung für einen wegweisenden Führer als die eines Agitators.

In Bremen legt Fritz Ebert nun Quaderstein auf Quaderstein zur Fundamentierung eines neuen Deutschlands. Die moderne Demokratie findet in ihm einen der wirksamsten und erfolgreichsten Förderer. Er hilft die reaktionäre Strömung niederkämpfen, die, von Wilhelm II. dirigiert, mit Umsturz und Zuchthausgesetzen der modernen Arbeitermassenbewegung drohte. Ebert arbeitet an der Befestigung der industriellen Demokratie durch unablässige Werbearbeit für die deutsche Gewerkschaftsbewegung, und er leiht seine kräftig zugreifende Hand der Genossenschaftsbewegung.

Das neue demokratische Deutschland steigt auf dem Rücken einer gewaltigen politischen und wirtschaftlichen Massenbewegung empor. Diese Bewegung hat den auf allen Lehensgebieten tätigen Arbeiterführer geschaffen. Eine Demokratisierungsarbeit größten Stils breitet sich vor unseren Augen aus, wenn wir die moderne Arbeiterbewegung in allen ihren Ausstrahlungen verfolgen.

Durch ihr neues umsichtiges Führertum, dessen vollendeter Typus Fritz Ebert ist, wurde die soziale Demokratie aus einer Partei der Wahlpropaganda, die nur in den

Zeiten der Reichstagswahl in eine nähere Berührung mit den Volksmassen trat, zu einer tief im Volke wurzelnden Institution.

Die Weltanschauung Eberts

Die großen Begründer der modernen sozialistischen Arbeiterbewegung in Deutschland betrachteten diese als eine den ganzen Menschen sittlich und geistig emporhebende Kulturbewegung. „Ich bin der erste, zu erklären", so rief Lassalle mit tiefer Überzeugung aus, „dass jede soziale Verbesserung nicht einmal der Mühe wert wäre, wenn auch nach derselben – was zum Glück objektiv ganz unmöglich – die Arbeiter persönlich das blieben, was sie in ihrer großen Masse heute sind."

In dem sozialistischen Grundgedanken ist die Beseitigung jedes Klassenrechts, ist die Aufhebung der sozialen Klassen, die Befreiung der Menschheit eingeschlossen. Nach dem Erfurter Programm bedeutet die durch den Sozialismus erstrebte „gesellschaftliche Umwandlung die Befreiung nicht bloß des Proletariats, sondern des gesamten Menschengeschlechts, das unter den heutigen Zuständen leidet." Der Sozialismus erscheint als die allgemeine, von der geschichtlichen Entwicklung selbst getragene Menschheitssache. Für *diese* Entwicklung suchten die Begründer des Sozialismus die Augen ihren Anhängern zu öffnen; aus der vorliegenden Tatsachenwelt sollte sich diesen die neue werdende sozialistische Wirklichkeit erschließen. Marx kehrte sich mit grundsätzlicher Schärfe gegen einen Utopismus, der sich von der Wirklichkeit loslöste und aus dem Handgelenk die ganze zukünftige Gesellschaft konstruierte.

Durch das Studium der populären Schriften von Marx und Engels dringt nun Fritz Ebert in das Verständnis der

Grundlehre des Marxismus ein, dass in der ökonomischen Gegenwart die Keime der ökonomischen Zukunft liegen. Aus der bestehenden Welt sucht er an der Hand von Marx die Bewegungsgesetze zu schöpfen, nach denen sich der Kapitalismus im Zusammenprall schärfster wirtschaftlicher und sozialer Gegensätze in den Sozialismus umformt. In der Produktion der Gegenwart regt sich bereits die Produktion der Zukunft. Im Zusammenarbeiten der Arbeiter zu Hunderten und Tausenden in der Fabrik kündet sich die neue gesellschaftliche Produktionsform an.

Der Marxismus vermittelt dem jungen Ebert eine neue Weltanschauung: Die Gesellschaft betrachtet er mit Marx als einen beständig im Prozess der Umwandlung begriffenen „Organismus". Die Geschichte ist ihm nicht ein wüstes Gewirr sinnloser Gewalttätigkeiten, sondern ein im harten Ringen der Gegensätze zur Höhe emporführender organischer Entwicklungsprozess. Durch die sozialen Zwangsinstitutionen der Sklaverei, Leibeigenschaft, Hörigkeit usw., die ständig die Produktion steigern und damit den Nahrungsspielraum für die Menschheit erweitern, wächst diese zu einem sozialen Zustand hinauf, in dem alle Arbeitenden einen ausreichenden Lebensunterhalt und freie Muße für wissenschaftliche, künstlerische und sportliche Betätigung finden.

Die proletarische Lebenslage der großen Masse der deutschen Arbeiterschaft war nach seiner durch Marx gefestigten Überzeugung das Resultat einer ungeheuren, die Grundtiefen der Gesellschaft erschütternden wirtschaftlichen Revolution. Er sprach im Jahre 1892 in seiner Streitschrift: *„Die Lage der Arbeiter im Bremer Bäckergewerbe und die notwendigsten Aufgaben der Bäckerbewegung"* (Verlag von P. Sandhoff 1892) den Gedanken aus, dass diese Revolution die ganzen Lebensverhältnisse des Menschen völlig neugestalten werde. Ebert schrieb in seiner Broschüre: „Die Menschheit ist in ein neues Zeitalter eingetreten, welches der Wissenschaft gehört. Wenn unsere Voreltern auferstehen könnten aus ihren Gräbern und die technischen Errungenschaften unserer Zeit in Augenschein nehmen, wie würden sie staunen! Wie ein Ungeheuer, wie ein Drache aus der Sagenzeit, würde ihnen die rauch- und feuerspeiende, blitzschnell dahersausende Lokomotive erscheinen, oder der haushohe, gewaltig die Wagen durchflutende Dampfer; an Hexenspuk würden sie glauben, könnten sie vernehmen, wie wir uns mit Hilfe des Telefons auf eine Entfernung von mehreren Meilen gemütlich unterhalten, oder sähen sie, wie wir Ströme elektrischen Lichts, Tageshelle verbreitend, dahinfluten lassen. Wie würde unser Großvater, der Spinn- oder Webemeister staunen, wenn er heute in das Etablissement einer mechanischen Spinnerei oder Weberei käme, wo ein menschenähnlicher Mechanismus mit Hunderten und Tausenden von Händen in Bewegung ist, wie die Arbeiter oder Arbeiterinnen nur als Aufseher an der Maschine stehen, und wenn er dann hörte, dass sein früher so erträgliches Handwerk voll und ganz von der Bildfläche verschwunden ist. Die großartigen Entdeckungen und Erfindungen der Naturwissenschaft und Technik werden in den Dienst der Industrie gestellt. Große Fabriken mit turmhohen Schornsteinen und großartige Bankhäuser deuten an, dass sich die Produktion heute in anderen Händen befindet als vor einem Menschenalter. Wo eine Fabrik entstand, ist die Existenz von Hunderten von kleinen Handwerksmeistern begraben worden, er hat seine Selbständigkeit verloren, er ist zum Fabrikarbeiter gestempelt, und keine Leiter ist vorhanden, auf deren Sprossen er wieder zu dem heraufsteigen könnte, was er war. In ununterbrochenem Siegeslauf schreitet diese Entwicklung vorwärts und alle widerstrebenden Kräfte stellt sie in ihren Dienst; mit demselben

Arbeitsaufwand bringt sie Produkte in ungeahnter Fülle hervor, und wenn die Menschheit dieselbe Lebensweise führen wollte, wie vor 20 oder 30 Jahren, so braucht sie heute unendlich Arbeit weniger auf sich nehmen."

In voller Hingabe an den Gedanken einer sieghaft fortschreitenden ökonomisch-technischen Entwicklung der Gesellschaft schaut Fritz Ebert frohgestimmt in die Zukunft. Muss sie doch den sicheren Triumph des völkerbefreienden Sozialismus bringen! Er spricht in dem Vorwort zu seinem Schriftchen: „Die Lage der Arbeiter im Bremer Bäckergewerbe usw." begeistert von der im Proletariat flammenden „heißen Sehnsucht nach Erlösung". „Die Lehre vom Vorrecht des Besitzes ist erschüttert. Die Behauptung alter Philosophen, der Arme sei auf ewig zur Knechtschaft bestimmt, findet heute keinen Glauben mehr, und überall regt sich der Unterdrückte in unablässigem Ringen um ein besseres Los. Das Morgenrot der allgemeinen Menschenrechte dringt auch in die Reihen der Bäcker, und der Ruf nach Gerechtigkeit, der über die weite Erde hallt, hat auch in jenen Kreisen Widerhall gefunden."

In Ebert ist die Idee von dem naturnotwendigen Aufstieg der Menschheit zu einer gerechten, den allgemeinen Wohlstand begründenden Gesellschaftsordnung zu einer alles mit sich fortreißenden Elementarkraft geworden. Das Werden der Welt ist kein bloßes mechanisches Nacheinander, es ist ein organischer, zur höchsten Sittlichkeit emporführender Prozess. Das „allgemeine Menschenrecht" verwirklicht sich nach Ebert „unter einem unablässigen Ringen". Das „allgemeine Menschenrecht" bringt hier den Gedanken zum Ausdruck: der Mensch ist Selbstzweck und nicht Mittel für fremde Zwecke. Mit der vollen Verwirklichung der Unantastbarkeit der Persönlichkeit des Menschen erfüllt sich aber noch nicht das ethische Ideal des Sozialismus vollständig. Die Persönlichkeit soll nicht nur außerhalb der Sphäre aller ausbeuterischen Eingriffe gestellt werden, nein, sie soll in ihrer Entwicklung auch positiv durch schöpferische Betätigung des Solidaritätsprinzips, durch gegenseitige Verpflichtung und Hilfe gefördert werden. Zu der „sittlichen Idee der individuellen Kräfte", die dem Liberalismus entspringt, tritt nach Lassalle die Idee der „Solidarität der Interessen, der Gemeinsamkeit und Gegenseitigkeit in der Entwicklung".

Ebert spricht von „einem unablässigen Ringen" der Gesellschaft. Unter schweren sozialen Kämpfen rankt sich die Menschheit zum Sozialismus aufwärts. Auf eine heroische Weltanschauung, auf die Weltanschauung einer sich empor„ringenden" Menschheit ist der ganze Sozialismus gestimmt, nicht auf einen lässigen, passiven Optimismus. Der Sozialismus fordert gebieterisch die selbstgewählte Unterordnung des Individuums unter das Gemeinschaftsinteresse, das Aufgehen des kämpfenden Proletariats in den Gedanken des „Arbeiterstandes" (Lassalle). Die Ethik des Sozialismus legt ein bestimmtes sittliches Verhalten der arbeitenden Klasse auf; ihr Klassenprinzip fällt ja mit dem höchsten sittlichen Menschheitsprinzip zusammen. Aus dieser ethischen Idee des Sozialismus heraus richtet Ferdinand Lassalle folgendes sittliches Postulat an die Arbeiterschaft: „Nichts ist mehr geeignet, einem Stand ein würdevolles und tief sittliches Gepräge aufzudrücken, als das Bewusstsein, dass er zum herrschenden Stande bestimmt, dass er berufen ist, das Prinzip seines Standes zum Prinzip des gesamten Zeitalters zu erheben, seine Idee zur leitenden Idee der ganzen Gesellschaft zu machen und diese wiederum zu einem Abbild seines eigenen Gepräges zu machen. Die hohe Ehre dieser Bestimmung muss alle Ihre Gedanken in Anspruch nehmen. Es ziemen Ihnen nicht mehr die Laster der Unterdrückten, hoch die müßigen Zerstreuungen der Gedankenlosen, noch selbst der harmlose Leichtsinn der Unbedeutenden. Sie sind der Fels, auf welchem die Kirche der Gegenwart gebaut ist."

Die ethische Seele, die Lassalle dem Sozialismus einhauchte, webt und lebt in der sozialdemokratischen Bewegung. In dieser Hinsicht ist die sozialdemokratische Bewegung *„lassalleanisch"*.

Sie ist es auch im Hinblick auf den von ihr betriebenen hohen Kultus der Wissenschaft. Ebert spricht z.B. begeistert von dem „Zeitalter der Wissenschaft", in das die Menschheit getreten ist. Die Lösung der Arbeiterfrage im sozialistischen Sinne ist an die technische Anwendung der Wissenschaft gebunden. In einer gewissen Hochstimmung schildert Ebert die wissenschaftlich-technische Vervollkommnung der Arbeit, die wachsende Bedeutung der Zusammenarbeit in der Fabrik, den werdenden kollektivistischen Charakter der Arbeit. Der Arbeiter als der Repräsentant des heranreifenden Kollektivismus, des kämpfenden Gestalters der „Idee des Arbeiterstandes" muss sich mit der Wissenschaft verbinden, damit sich der Sozialismus verwirklicht. Auch Ebert bekennt sich zu dem großen Gedanken Lassalles, dass die „Allianz der Wissenschaft und der Arbeiter …" „alle Kulturhindernisse in ihren ehernen Armen erdrücken" werde.

Fritz Ebert würdigt in seiner Broschüre: „Die Lage der Arbeiter im Bremer Bäckergewerbe usw." kurz die technischen Fortschritte in der Bäckerei und stellt den schwankenden Boden dar, auf dem das ganze Bäcker-Innungswesen steht. Er stellt realisierbare Forderungen auf, die sich genau an die bestehenden Verhältnisse anlehnen, und er benutzt geschickt die Sympathien weiter Kreise für die Bäcker, um das schwere Los dieser Mühseligen und Beladenen zu erleichtern. Er ruft vor allem auch die Hilfe der Konsumenten auf, deren Gesundheit ja selbst durch die unreinlichen, unhygienischen Werkstätten der Bäcker gefährdet ist.

Die Broschüre: „Die Lage der Arbeiter im Bremer Bäckergewerbe" charakterisiert die ganze Persönlichkeit Eberts. Hochideale sittliche Ziele stehen vor seinen Augen, aber diese sucht er nicht durch ein erdfernes, himmelstürmendes Schwärmen zu verwirklichen, sondern durch ein festes Fußen in der greifbaren Wirklichkeit.

Fern vom unfruchtbaren Radikalismus

Germinal-Stimmung, Keim- und Vorfrühlings-Stimmung lag im Jahre 1890 auf den sozialistischen Massen. Der Druck des Ausnahmegesetzes war geistig von den Massen gewichen, obwohl es noch körperlich in der derben Gestalt haussuchender und schriftenkonfiszierender Polizeiwachtmeister fortbestand. Heißblütige Diskussionen über Theorie und Taktik des Sozialismus lebten in den Versammlungen, in den Geheimorganisationen, in den wissenschaftlichen und geselligen Klubs der Arbeiterschaft auf. Die sogenannte Berliner „Opposition", die Kerntruppe der nachmaligen „Jungen" griff auf das „Kommunistische Manifest", auf den sich scheinbar ankündenden katastrophalen Zusammenbruch des Kapitalismus, auf die antiparlamentarische Broschüre Wilhelm Liebknechts „Über die politische Stellung der Sozialdemokratie" zurück und suchte einer streng grundsätzlich sozialistischen, revolutionären Massenbewegung Bahn zu brechen.

Durch den Wahlsieg des Jahres 1890 erhielt die Sozialdemokratie einen enormen Kraftzuwachs. Ein überschäumendes Machtgefühl brach sich in zahllosen Streiks gewaltsam Bahn, und es fand nur volles Genüge in großen proletarischen Massenbewegungen. Eine sozialistische, direkt auf das Endziel lossteuernde Massenbewegung wurde das Feldgeschrei der „Jungen", der nachherigen „Unabhängigen Sozialisten". Von den *Massen* kam nach ihrer Überzeugung alles Heil, das System der Vertretung der Massen erschien ihnen fast als ein Abirren von dem

Gedanken der reinen Demokratie, ein Beugen, ein Brechen, ja ein Korrumpieren des Massenwillens. Der massenproletarische Charakter der Maifeier entflammte vor allem die Tatkraft der „Jungen". Am 1. Mai betrat ja die Masse selbst das Kampffeld, und nicht nur ein kleines Häuflein von Proletariatsvertretern, von Parlamentariern. Am 1. Mai suchten die Massen ihren gewaltigen Willen dem Unternehmertum selbst aufzuherrschen. Hier erlebte die Welt eine gigantische Massenaktion.

Eine so auf das große sozialistische Ziel gerichtete Massenbewegung mochte wohl auch das Herz des jungen Stürmers *Ebert* schneller und heftiger schlagen lassen. Er *sympathisierte* wohl mit dieser Bewegung, insofern sie den sozialistischen Grundgedanken zu einer Massenkraft gestalten wollte, aber er folgte ihr nicht auf den Irrweg des Antiparlamentarismus. Auch wohl gegen ihre Massenvergötterung sträubte sich sein realistischer Sinn. Immerhin konnte ihn diese Bewegung – sie warf ja die Kernsprüche des „Kommunistischen Manifests" in die Masse – zu einem Studium des Marxismus anregen.

Aus der unabhängig-sozialistischen Bewegung mochte dem jungen *Ebert* seine *frisch-fröhliche Begeisterung für die Maifeier* quellen. Als er im Jahre *1896* zu dem sozialdemokratischen Parteitag nach Gotha delegiert wurde, zählte er noch zu den radikalen Geistern, die das Wesen der Maifeier in der *völligen Arbeitsruhe* sahen. In einer kurzen Rede legte er den Nachdruck auf die Worte einer Frankfurter und einer Wandsbeker Resolution, in denen klar ausgesprochen wurde, dass die *Arbeitsruhe „mehr als bisher erfolgen"* sollte. Die von den Parteihäuptern befürwortete Resolution enthielt diese Worte nicht.

Sonst allerdings verspürt man nichts in den Reden Eberts in Gotha, was nur irgendwie auf unabhängig-sozialistische Einwirkungen schließen lässt. Die unabhängigen Sozialisten verhöhnten jeden sozialen Reformgedanken als spieß- und kleinbürgerlich, Ebert aber verbreitete sich in Bremen mit nüchternster Sachlichkeit über eine dringende Reform der Unfallversicherung der Seeleute. Er donnerte nicht mit revolutionären Kraftsprüchen über die unhaltbaren Verhältnisse der Seeleute, er kehrte in maßvollen Worten die Mängel und Fehler der Unfallversicherung hervor, die den Seemann tatsächlich unter ein Ausnahmegesetz stellten.

Ebert lief nicht zu dem Fähnlein der Aufrechten der „Opposition der Jungen" hinüber, er marschierte mit dem großen Heereskörper der Sozialdemokratie in Reih und Glied.

Moderne Literatur und Jungarbeiterschaft

Die Septembertage des Jahres 1896 sind bedeutungsvoll für die geistige Entwicklung Fritz Eberts geworden. In Gotha auf dem sozialdemokratischen Parteitag erlebte er eine Kunstdebatte, die ihn mit dem neuen naturalistischen Deutschland in unmittelbarste Berührung brachte. Hier eröffnete ihm die geistvolle Rede Edgar Steigers, des nachmaligen Mitarbeiters des „Simplicissimus", tiefste Einblicke in das neue Wesen und die neuen Ausdrucksmittel der aufstrebenden naturalistischen Richtung. Dem Erkünstelten, Konstruierten in den Schöpfungen der alten Kunst, ihrer unwahren, auf Stelzen einhergehenden Diktion stellte Steiger die naturwahre Milieuschilderung Zolas, die feine psychologische Analyse Dostojewskis und die aus dem inneren und äußeren Leben selbst herausgeborene Sprache des jungen realistischen Deutschlands gegenüber. Blind waren die Augen der alten Arbeiterführergeneration noch für die den wirklichen Charakter eines Gegenstandes widerspiegelnden naturalistischen Details. Ein konventioneller „Idealismus" hatte kein Ohr für die elementaren, derb-leidenschaftlichen Äußerungen der Liebe gehabt. Unendlich viel Schillersche Deklamation und falsche romantische Empfindelei waren in die seelischen Vorgänge einfacher Menschen hineingelegt worden. Die Nachfahren Schillers „bildeten" nicht, sie redeten.

Die älteren deutschen Arbeiterführer verstanden nicht, dass in der modernen Literatur die kämpfenden Arbeiter nicht in dem gewöhnlichen heroischen Kostüm der Bühne herumgeführt wurden, dass die Leidenschaften der Arbeiter stark triebhaft waren und dass sie nicht die erhabene Sprache der Schillerschen Dramen, sondern die der robusten Straße redeten. Sind die menschlichen, allzu menschlichen Gestalten der Hauptmannschen Weber noch Helden? so fragten sich diese Arbeiterführer. Und aus ihrem Herzen heraus kanzelte Wilhelm Liebknecht in Gotha den großen Bahnbrecher des deutschen Naturalismus öffentlich ab. Hauptmann ist, so betonte er auf dem Parteitage, nicht der große Mann, als der er hingestellt wird, es ist sehr viel Plattes, Geschmackloses, Hässliches in seinen Schriften, und vor allem ist nichts Revolutionäres darin, nein, Spießbürgerlich-Reaktionäres zum größten Teil. Diesen Ausspruch tat der „Alte" in einem Augenblick, als *Hunderttausende* deutscher Arbeiter von dem revolutionären Sturmwind, der durch die *Hauptmannschen Weber* brauste, erfasst wurden.

Für die Art, die menschlichen Dinge zu sehen, wie sie vom jüngsten Deutschland erschaut wurden, fehlte dem „Alten" jedes Verständnis. Dieses literarische Deutschland war ihm einfach ein Produkt der Dekadenz, der Fäulnis der kapitalistischen Welt. Es war nach seiner Meinung von einer krankhaften, entarteten Leidenschaft besessen, von einer prickelnden Lust, alle sexuellen Dinge auszumalen. Die „Mutter Berta" Wilhelm Hegelers, die in der sozialdemokratischen „Neuen Welt" abgedruckt war, zählte er fast zur pornographischen Literatur. Bissig erklärte er in Gotha: „Die Schweinerei gehört nicht in die ‚Neue Welt' hinein."

Die junge Generation um Ebert wollte die Welt nicht mehr in künstlicher Theaterbeleuchtung sehen, sondern in dem hellen, scharfen Licht des Tages. Ebert hat von den „Jungen" der sozialdemokratischen Bewegung literarisch manche wegweisende Anregung erhalten, die „Jungen" aber waren erklärte Parteigänger des emporgekommenen

Naturalismus. Die Wortführer der „Jungen" in Berlin, Wilhelm Werner, Karl Wildberger, Richard und Max Baginski haben vielfach auf dem Duzfuß mit den streitbaren Geistern des Realismus gestanden. Die Führerin der Berliner Arbeiterinnen, die intelligente Hanna Jagert, wurde die Heldin eines Hartlebenschen Dramas; Typen aus der Welt der sozialdemokratischen Intellektuellen gingen in die Hauptmannschen Tragödien über. Mit dem früheren Schuster und späteren Redakteur Max Baginski suchte Gerhart Hauptmann die verfallenen Hausweberhütten von Steinseifersdorf auf und sah mit leibhaftigen Augen dort die Gestalten seiner „Weber": die Baumann, Ansorge usw. Als sein Reisegefährte Baginski die herben Lebensschicksale dieser Ärmsten der Armen mit ihm besprach, da äußerte er sich eingehend über sein geplantes großes Drama: die Weber.

In dem Theatersaal, in der Volksversammlung, in ernster Diskussion und beim harmlosen Kegelspiel tummelten sich in schönster Harmonie die Männer der Kopf- und Handarbeit des jungen „sozialistischen Deutschlands". Die „Freie Bühne" Wilheim Bölsches vertrug sich in der Rocktasche Karl Wildbergers vorzüglich mit dem „Vorwärts" des alten Liebknecht. Die Kampffelder der Politik und der Ästhetik rückten in den Köpfen der jungen Arbeiter und jungen Schriftsteller eng aneinander. Der philosophische Schuster Richard Baginski sprach über die westpreußischen Arbeitertypen im „Eisgang" Max Halbes mit ebenso großer Sachkenntnis wie Otto Erich Hartleben über die kleinen und allerkleinsten Geschichten des sozialdemokratischen Olymps: Bei der Begründung des revolutionären „Sozialist" war Otto Erich Hartleben der Sprecher einer Arbeitergruppe in einer verschwiegenen Versammlung des Ostens von Berlin, und er erhielt ob dieser seiner geheimnisvollen, an die Zeiten des Sozialistengesetzes erinnernden Verschwörertätigkeit den Namen „Corpora-Erich" von dem spottlustigen Friedrichshagen angehängt.

Die von den „Jungen" verbreitete „Berliner Volkstribüne" suchte den Sozialismus unter der weitsichtigen Leitung Max Schippels nicht als eine Frage von Nurproletariern, sondern von modernen Kulturmenschen herauszuarbeiten. Tief ergreifende Gedichte Richard Dehmels, einige Grundrisse zur Familie Selicke von Holz und Schlaf, die begeisterungsvollen Besprechungen moderner Dichtungen in diesem Blatt bewiesen den mit voller Klarheit und mit ganzem Nachdruck angestrebten Anschluss Max Schippels an die realistisch-naturalistische Literaturbewegung. Die Milieuschilderungen Zolas, die Seelenanalyse Dostojewskis, die ethisch-religiöse Kunst Tolstois und die Problemdichtung Ibsens vollbrachten an den Arbeitern der jungen Generation ein ästhetisches Erziehungswerk von geradezu umwälzender Bedeutung.

Die „Berliner Volkstribüne" mit ihrer begeisterten Parteinahme für den jungen Naturalismus kam auch nach *Hannover* und *Bremen*, nach all den Orten, in denen der temperamentvolle *Fritz Ebert* Kampfgenossen für den Sozialismus warb. Die junge Generation nahm mit starker Leidenschaft die Streitrufe des Naturalismus auf. Holz und Schlaf, Hauptmann und Dehmel, Bölsche und Wille, die Gebrüder Hart und Hartleben drangen mit ihren Schöpfungen in weite deutsche Arbeiterkreise durch die „Berliner Volkstribüne" ein. Die „Amselrufe" von Karl Henckell weckten zu einem neuen revolutionären Frühling.

Eine Weltwende war eingetreten. Bis in die letzten Jahrzehnte des neunzehnten Jahrhunderts hinein galt es noch als eine Erniedrigung der Kunst, wenn sie das Arbeiterleben mit seinen tiefgründigen Konflikten behandelte. Die „Unterklassen", so dozierte Gustav Freytag, der für seine Zeit die ästhetischen Gesetzestafeln des Bürgertums verfasste, sind nicht „dramenfähig", da sie außerstande seien, „Gedanken und Empfindungen schöpferisch in Rede umzusetzen". An anderer Stelle sprach er direkt von einer Herabwürdigung der Kunst, wenn sie soziale Verbildungen des wirklichen Lebens, die Tyrannei der Reichen, die gequälte Lage der Gedrückten, die Stellung der Armen polemisch oder tendenzvoll zu den Szenen eines Dramas verwerten würden. „Die Sorge um Besserung der armen, gedrückten Klasse soll", so betonte er, „ein wichtiger Teil unserer Interessen im Leben sein, die Muse der Kunst ist keine barmherzige Schwester."

Die Zeiten hatten sich nun wirklich von Grund auf geändert, die gedrückten Klassen bedurften wahrlich keiner barmherzigen Schwester mehr, sie hatten sich selbst geholfen und betraten festen Schrittes, wagemutig und ihr Recht heischend, die politische Bühne! Die Idee des Arbeiterstandes sollte lebendig werden.

Die sozialen Klagen und Beschwerden der Arbeiterklasse erschienen jetzt nicht mehr als die wehleidigen Äußerungen „armer Leute". In ihnen offenbarte sich etwas Neues, Aufrüttelndes, sie flossen aus dem starken Herzen einer Klasse, die ihr soziales Elend als ein zur Überwindung dieses Elends aufreizendes Moment empfindet. Das junge sozialistische Proletariat fasste die soziale Not als Kettensprengerin auf. Keine tränensüchtige kleinbürgerliche Sentimentalität sprach aus den „Beklemmungen" dieser Klasse. Etwas Kraftvolles, Herbes, Echtes lag im Gefühlswesen dieser Klasse. Ihre Psyche forderte eine neue, naturwahre Dichtung. Der Arbeiter, der 1890 in der Gründungsversammlung der „Freien Volksbühne" in Berlin das Wort stockend, aber doch fest in die Masse warf: „Die Arbeiter wollen Wahrheit, sie wollen keine Lüge, keinen blauen Dunst", sprach Millionen seiner Klassengenossen aus dem Herzen.

Der alte Chlodwig zu Hohenlohe-Schillingsfürst schrieb am 14. Dezember 1893 in sein Tagebuch: „Heute Abend in ‚Hannele‘. Ein grässliches Machwerk, sozialdemokratisch-realistisch, dabei von krankhafter, sentimentaler Mystik, nervenangreifend, überhaupt scheußlich. Wir gingen nachher zu Borchard, um uns durch Champagner und Kaviar wieder in eine menschliche Stimmung zu versetzen." Mit dem Worte „sozialdemokratisch-realistisch" deckte der alte Herr einen tiefen Zusammenhang zwischen den sozialdemokratischen Bestrebungen und der sieghaft durchbrechenden realistisch-naturalistischen Kunstrichtung auf.

Der demokratisch-sozialistische Marxismus, der sich das Herz und den Kopf des jungen *Ebert* erobert hatte, strebte eine klare Erfassung der Wirklichkeit und eine wurzeltiefe Überwindung der bürgerlichen Illusionen an, die über die bestehenden wirtschaftlichen und sozialen Einrichtungen verbreitet sind.

Der *Marxismus* ist in der Tat ein *konsequenter Naturalismus* auf *ökonomisch-sozialem Gebiet.* Mit dramatischer Kraft stellt er naturwahr das revolutionäre Werden unserer modernen Wirtschaft dar. Das in den Menschenschicksalen Tragische ersteht in so gesammelter, in so kollektiver Form bei Marx wieder, dass seiner Darstellung eine den ganzen Menschen ergreifende Kraft entströmt.

Die neue, von der gigantischen Maschinenindustrie geschaffene Wirklichkeit drängte ungestüm nach Form und Gestalt, und sie fand sie in der marxistisch-sozialistischen Bewegung und in der naturalistischen Kunstrichtung.

Fritz Ebert war durch Marx zum unbestechlichen Erschauer und Erforscher der nackten Wahrheit erzogen worden. Er sah in eine kampferfüllte Welt voll erschütternder Katastrophen hinein. Er sah die einzelnen Gesellschaftstypen in ihrer ganzen Realität, und die Ereignisse der Zeit lagen vor ihm im hellen Sonnenlicht. Kein Wunder, er wollte die *erschaute* und erfühlte *Wahrheit* auch *auf der Bühne sehen.* Dass sich der realistische Sozialismus und der Naturalismus zusammenfanden, war eine geschichtliche Notwendigkeit. Nach der ersten Aufführung der „Freien Volksbühne" in Berlin sprach Otto Erich Hartleben von einem folgenschweren Bund der modernen Kunst mit dem modernen Proletariat: „Neu und revolutionär wie der Sozialismus auf wirtschaftlichem Gebiet", so führte er aus, „ist der Naturalismus auf dem Gebiete der Kunst. Er bricht mit einer vor Alter ehrwürdigen Konvention, verachtet und verwirft jegliche Tradition und schreibt Natur und Wahrheit auf seine Fahne."

Natur und Wahrheit sprachen zu *Ebert* in ergreifendster Sprache, als er in *Bremen* die *Hauptmannschen Weber* in einer Privatvorstellung über die Bühne gehen sah.

Die Ängste und Nöte des Proletariats schrien in den Hauptmannschen Schöpfungen herzerschütternd auf, die sozialen Typen unserer Tage, in Fleisch und Blut geschaffen, wanderten durch die Dramen des großen schlesischen Dichters.

In Hauptmanns Werken lebt die Seele unserer Zeit.

Was der *Arbeiter Ebert* empfand, als ihn die sozialen Dramen Hauptmanns mächtig ergriffen, das hat der Reichspräsident *Ebert* am 12. August 1922 in Breslau bei der Eröffnung der Hauptmannschen Festspiele offen ausgesprochen: „Keiner hat so wie er (Hauptmann) in tiefem Mitleiden und in wahrer Erlösungssehnsucht die sozialen Nöte der Massen und das tragische Schicksal einzelner aus ihnen erfasst und ihnen Gestalt und eine Sprache gegeben, die zum deutschen Herzen dringt. So ist sein dichterisches Schaffen immer Dienst am deutschen Volke gewesen." Höchstes Ziel Hauptmanns sei eine wahre Volksgemeinschaft und das Streben nach Versöhnung der Nationen gewesen. Nicht eine kleine Kunstgemeinde, ein ganzes Volk wolle heute den Dichter ehren. Die intensive Pflege der Kunst und Wissenschaft fasste Ebert als eine Hauptaufgabe des neuen Staates auf, den er als einen wirklichen Organismus ansprach.

Zum sechzigsten Geburtstage Hauptmanns, am 15. November 1922, ließ Ebert dem Dichter einen in Bronze geprägten Adler, das Symbol des Reiches, als Ehrengeschenk übergeben. In einem Schreiben an Hauptmann bemerkte der Reichspräsident: „In einer Zeit der Unrast steht Ihr Bild leuchtend vor unseren Augen. An der Wurzel unserer Gegenwart geboren, haben Sie ihre Kämpfe und Wirrnisse vorausschauend empfunden, und es vermocht, die ringenden Kämpfe unserer Zeit und unseres Volkes zu unvergänglicher Gestalt zu erheben."

Durch Hauptmann gewann in der Dichtung das neue Deutschland mit seinen neuen sozialen Klassen ein volles, warmblütiges Leben. Tatkräftig bemühte sich die Arbeiterpresse, die Massen durch die Einführung in die moderne realistische Literatur ästhetisch zu erziehen. Wenn wir uns vergegenwärtigen, welche unglaubliche Geschmacksverwilderung des Volkes durch eine verrohende, das wollüstige Grausamkeitsgefühl systematisch steigernde Kolportageliteratur angerichtet war, so müssen wir diese Erziehung als eine Kulturtat ersten Ranges buchen.

Der Arbeitersekretär und
Kommunalpolitiker Ebert

Im Mai 1894 feierte Fritz Ebert mit seiner Braut Luise Rump in Bremen Hochzeit. Zwei Menschen hatten sich in dieser Ehe zusammengefunden, deren ganzes Leben auf Arbeit und wieder Arbeit eingestellt war. In der Brautstraße 16, einer lebhaften Geschäftsstraße, die nicht fern von der „Kleinen Weser" liegt, pachteten sie eine geräumige Gastwirtschaft. Die Wirts- und Wohnräume füllten das ganze Haus. Unten, Parterre, wirtschaftete die rastlose Frau Luise, und oben lagen Versammlungssäle und die Familienwohnung. Die eigentliche Seele einer Gastwirtschaft pflegt immer die Frau zu sein, von deren Sauberkeit, Fleiß und Sparsamkeit das Gedeihen des ganzen Betriebes durchweg abhängt.

Frau Ebert war ihrem Manne eine hingebende Gattin, eine gleichstrebende Kameradin, eine treffliche Wirtschafterin und Gehilfin, und den Kindern – in sechs Jahren gebar sie fünf Kinder – eine liebende, treusorgende Mutter. Im Sinne des Psalmisten kann man von einer „köstlichen" Ehe Eberts reden, denn diese Ehe ist stets Mühe und Arbeit gewesen.

Die Gastwirtschaft eines Arbeiterführers war damals eine wahre *Arbeiterbörse*, in der sich die Arbeiterkundschaft über den Gang der Geschäfte, über die politische Situation, über die Lage der Arbeiterbewegung ständig erkundigte. Ebert war als ein politisch und wirtschaftlich gut geschulter Mann überall in Bremen bekannt. Erleidet ein Arbeiter einen Betriebsunfall, so geht er zu Ebert; denn dieser ist ja genau über alle Schritte informiert, die der Unfallverletzte zur Wahrnehmung seiner Unfallansprüche zu gehen hat. Jeder größere Vorfall in einer Fabrik, der vielleicht zu Arbeiterentlassungen führt, wird mit Ebert besprochen. Ebert war ja Vorsitzender der Bremer Partei, und zu jeder Tag- und Nachtstunde musste er zu jeder Auskunftserteilung bereit sein.

Die vielen und komplizierten Partei- und Gewerkschafts-Aufgaben, die ihm zugewiesen wurden, erledigte er mit größter Pünktlichkeit und mit schönem Erfolg. Die Parteiorganisation wuchs in Bremen in die Breite und Tiefe. Und als die Bremer Arbeiterschaft endlich die Mittel aufgebracht hatte, um ein eigenes Auskunftsinstitut, *ein Arbeitersekretariat* für Rat und Hilfe suchende Arbeiter zu schaffen, da erwählte sie selbstverständlich Fritz Ebert zum *Bremer Arbeitersekretär*. Ebert hing den „selbständigen Geschäftsmann" an den Nagel, er wurde angestellter, „unselbständiger" Arbeiterbeamter, aber diese Unselbständigkeit war ein *Schritt zur Selbständigkeit, zu größerer, innerer und äußerer Freiheit.*

Für den Aufstieg Friedrich Eberts zum führenden Politiker Deutschlands ist seine erfolgreiche Betätigung im Bremer Arbeitersekretariat von entscheidender Bedeutung gewesen. Schon den politischen Laien wird es kaum entgangen sein, in wie großer Zahl deutsche Arbeitersekretäre aller politischen Richtungen in den Deutschen Reichstag eingerückt sind. Das Arbeitersekretariat ist ein ausgesprochen deutsches Institut, das aus der von Bismarck begründeten sozialen Gesetzgebung heraus geboren ist. Der staatliche Zwangsversicherungsgedanke, der besonders klar von August Bebel ausgesprochen und später von Bismarck verwirklicht worden ist, führte Millionen deutscher Arbeiter den Krankenkassen zu. Weitere Millionen wurden der staatlichen Unfall- und Invalidenversicherung eingegliedert. Um die aus der sozialen Versicherung entspringenden Rechte der erkrankten, unfallverletzten und invaliden Arbeiter wirksam vertreten zu können, mussten sich sachkundige Männer berufsmäßig mit dieser Gesetzgebung beschäftigen. Und so ist denn der deutschen Arbeiterklasse aus dieser Versicherung ein eigenartiges, ihren Interessen angepasstes Rechtsinstitut mit vollständiger Volkskontrolle erstanden. Mit diesem Institut hat sich ein sachverständiges, sich dem Rechtsschutz und der Rechtsbelehrung widmendes Beamtentum entwickelt, das von den Arbeitern gewählt und in allen seinen Handlungen überwacht wird.

Friedrich Ebert wurde im März 1900 in Bremen auf den Posten eines Arbeitersekretärs gestellt. Es spricht für die Gründlichkeit dieses Mannes, dass er sich sofort persönlich auf einer Studienreise durch Deutschland in die weitverzweigten und schwierigen Geschäfte eines Arbeitersekretärs einführen ließ. So verweilte er mehrere Tage im Arbeitersekretariat Frankfurt a.M. Mit größtem Interesse arbeitete er dort die Akten durch, die oft so beredt von den tragischen Lebensschicksalen ganzer Familien zeugen. Das Stück hochbewegten sozialen Dramas, das sich alltäglich in einem deutschen Arbeitersekretariat – mitunter direkt seelisch erschütternd – abspielt, sprach da zu seinem stark sozial empfindenden Herzen. Rechtsuchende gingen in ununterbrochener Folge durch das Arbeitersekretariat Frankfurt a.M. Wie interessierten den jungen werdenden Arbeitersekretär Ebert die einzelnen Typen des Klientels des Frankfurter Sekretariats! Von dem Lumpenproletariat an, dessen Sprossen oft in den dunklen Gassen Alt-Frankfurts eine ganz verkommene Zuhälterexistenz führten, bis zu den im behaglichen Wohlstand lebenden Mittelklassen waren alle sozialen Gruppen unter den Schutzbefohlenen des Sekretariats vertreten. Wie schwierig war es oft, aus den zusammenhanglosen Angaben verunglückter Arbeiter ein klares Bild von ihren Betriebsunfällen zu gewinnen! Neben den zaghaft und bescheiden auftretenden Unfallverletzten trat mitunter der aufbegehrende Simulant, der bestimmte Nervenleiden erfand oder vorhandene grob übertrieb. Es gereicht der deutschen Arbeiterklasse zur Ehre, dass die Simulanten unter ihr selten sind. Es bedarf aber eines hohen Maßes von Menschen- und Sachkenntnis, um den Prozess eines Unfallverletzten mit Aussicht auf Erfolg vor den rechtsprechenden Instanzen zu führen. Hatte ein Unfallverletzter das Sekretariat verlassen, so folgte ihm vielleicht eine Ehefrau auf dem Fuße, die ihr Recht gegen ihren pflichtvergessenen Ehemann sucht, der sie betrogen hat und sie daheim hungern und darben lässt. In völliger Nacktheit entfaltet sich im Sekretariat oft der niederdrückende Jammer proletarischer Ehen, das erschütternde Herzeleid verlassener geschwängerter Mädchen, die grausige Not der unehelichen Kinder.

Fürwahr, es war ein schwieriges, verantwortliches Amt, zu dem Ebert durch das Vertrauen der Bremer Arbeiterschaft berufen wurde. Und er lebte sich, da er tief in den Anschauungen und Gefühlen der Arbeiterklasse wurzelte, schnell und leicht in die Funktionen eines Arbeitersekretärs ein. Eine schwere Arbeitslast fürwahr hatte er im Bremer Arbeitersekretariat zu bewältigen. Er hatte Auskunft über die Arbeiterversicherung, über den Arbeits- und Dienstvertrag, über das bürgerliche Recht und das Strafrecht, über den Zivil-und Strafprozess, über das gesamte Gebiet der Gewerbeordnung, über Staats- und Gemeindeangelegenheiten usw. zu erteilen. Viele Betriebsunfälle forderten die Anlage von Akten. Dann waren Prozesse für die bestrittenen Ansprüche der Unfallverletzten vor den Schiedsgerichten für Arbeiterversicherung und vor dem Reichsversicherungsamt zu führen. Sanitäre Missstände in den Betrieben

mussten der Gewerbeinspektion in der Form von aus-
führlichen, durch beweiskräftige Tatsachen begründeten
Beschwerden mitgeteilt werden. Viele Mühe brauchte das
Arbeitersekretariat in dem Kampf gegen die Wucherge-
schäfte unsolider Abzahlungsgeschäfte auf. Den Unbemit-
telten musste das Arbeitersekretariat bei der Erlangung des
Armenrechts mit Rat und Tat zur Hand gehen. Zahlreiche
Streitigkeiten, die langwierige und kostspielige Prozesse
nach sich gezogen hätten, wurden durch die vermittelnde
Tätigkeit des Arbeitersekretärs Ebert gütlich beigelegt.

Das Arbeitersekretariat Bremen wurde für diesen eine
treffliche Schule für seinen politischen Beruf. Hier im
Sekretariat fielen alle Hüllen vom Menschen ab und ganz
nackt stand dieser da im hellen Tageslicht. Wie oft wird
der Proletarier künstlich von Leuten konstruiert, die
ihre ganze Kenntnis vom proletarischen Hinterhause aus
einigen grautheoretischen Werken, einigen statistischen
trockenen Tabellen und einigen verstiegenen Romanen
gezogen haben? Leider schreiben auch unsere Gesetzgeber
häufig auf ihre Gesetztafeln Rechtssätze, die ganz lebens-
fremd sind. Das Arbeitersekretariat erzieht nun trefflich
zur klaren Prüfung der tatsächlichen Verhältnisse, da es
mitten in das bewegte Leben selbst gestellt ist. Tausende
von Hilfesuchenden öffnen ihre Herzen den Arbeitersekretären, und diese blicken in das vielverschlungene Netz
menschlicher Beweggründe. Sie sehen die engen Zusam-
menhänge von Not und Verbrechen, von Elend und Ent-
artung, und sie haben greifbar die Ursachen der sozialen
Massenerscheinungen vor Augen, die unsere Gesetzgebung zu gesetzlichen Eingriffen drängt. Kein Wunder, dass
der erprobte, vom sozialen Leben erzogene Arbeitersekretär zum Gesetzgeber berufen ist.

Und in welche Rechtsmaterien dringt er durch die *Praxis* und nicht durch bloßes gelehrtes Studium ein?

Man erstaunt förmlich über die Fülle von Rechts- und Verwaltungsfragen, die an jeden deutschen Arbeitersekretär täglich herantreten. Dieser häuft daher in wenigen Jahren ein geradezu riesenhaftes praktisches Wissen an – ein Wissen, das, täglich *erlebt* und *angewendet*, gleichsam mit ihm verwächst.

In bürgerlichen Kreisen mit guter formaler Bildung zerbricht man sich häufig den Kopf über die Tatsache, dass sich ehemalige Arbeiter in den Reichstagskommissionen als treffliche Juristen erweisen. Diese Kreise vergessen die praktisch juristische Schulung dieser Arbeiter in den Rechtsstreitigkeiten des Lebens. Welchen Einblick in den Kampf ums Recht erhält z.B. schon ein gewerkschaftlicher Organisationsleiter, ein politischer Vereinsvorstand, – und nun vor allem erst ein Arbeitersekretär!

In dem Arbeitersekretariat Bremen wurde der scharfe Sinn Fritz Eberts für die Realitäten des Lebens, für die tatsächlichen Momente in den rechtlichen und politischen Kämpfen der Zeit in ganz hervorragender Weise fortgebildet.

Freunde und Kollegen Eberts haben wiederholt geäußert, dass diesem das rationalistische, derb-verständige Bremen zu einer zweiten Heimat wurde. Der realistische Pfälzer fand sich prächtig unter den gradlinigen Menschen der Wasserkante zurecht, deren Rede, aller Wortornamente und Floskeln abhold, auf Ja und Nein, auf Zusagen und Halten gestimmt ist. Der derbe Humor ist in der Pfalz und in Bremen erdentsprossen. Der Humorist sieht mit Augen des fühlenden Wirklichkeitsmenschen in die Welt, der seinen Kameraden helfen und sie nicht mit schönen Sprüchen vertrösten will. Ebert ist ganz der Mann der tätigen Hilfe, aber er will zuerst mit scharfen Sinnen die Lage der Menschen erfassen, denen er mit Rat und Tat beispringen will.

Als Fritz Ebert im Arbeitersekretariat Bremen seine Tätigkeit aufnahm, da erwies sich die ganze wirtschaftliche Position der Bremer Arbeiterin als dringend verbesserungsbedürftig. Vielfach hatten die Arbeiter noch nicht richtig gewertet, welche starken Kräfte sie ihrer ganzen Emanzipationsbewegung zuleiten könnten, wenn sie die Arbeiterinnen aus ihrer bisherigen politischen und wirtschaftlichen Interesselosigkeit reißen und für die gewerkschaftlichen Organisationen gewinnen würden.

Der erste Jahresbericht des Bremer Arbeitersekretariats brachte eine Schilderung der Lage der Bremer Fabrikarbeiterinnen. Der Plan zu dieser Arbeit ist wohl im Kopfe Fritz Eberts entstanden. Er arbeitete dann im Einzelnen mit, überließ aber die Redaktion dieser sozialen Untersuchung seinem Kollegen Hermann Müller.

Als Vorsitzender der Bremer sozialdemokratischen Organisation und später dann als Mitglied des Parteivorstandes, war Ebert rastlos bemüht, die Frauen in das große Ringen um Freiheit und Recht hineinzuziehen. Die Frauenbewegung würdigte er als eine wesentliche Seite der Kulturbewegung überhaupt.

Auf dem Gebiete der Frauenbewegung hat sich die Sozialdemokratie ganz unumstritten große Verdienste erworben.

Sie hat die deutsche Frau aus der Küche und Kinderstube an die Öffentlichkeit gezogen und sie der gewerkschaftlichen und politischen Kampfarmee eingeordnet. Das Buch von Bebel: „Die Frau und der Sozialismus" war eine bahnbrechende Tat für die deutsche Frauenbewegung überhaupt. Die Bewegung erhielt von Jahr zu Jahr einen stärkeren politischen Einschlag. Selbst in bürgerlichen Kreisen entstanden radikale Organisationen für die Einführung des Frauenwahlrechts. In der Sozialdemokratie waren vor dem Weltkrieg mehr als 130.000 Frauen organisiert und an den sozialdemokratischen Frauentagen beteiligten sich Hunderttausende deutscher Frauen. Die sich an die sozialdemokratischen Parteikongresse anschließenden Konferenzen suchten die Arbeiterinnen für alle sich in den Vordergrund drängenden politischen und wirtschaftlichen Fragen zu mobilisieren, so für die Wahlrechtsfrage, für die sozialistische Propaganda unter den Landarbeiterinnen, für die Einführung einer durchgreifenden Arbeiterschutz- und Arbeiterversicherungsgesetzgebung auf dem platten Lande, für die Dienstbotenfrage, für die sozialpolitische und sozialwirtschaftliche Bekämpfung der Prostitution, für die Mutterschaftsversicherungsfrage usw. Zündende Flugschriften, wie: „Die Frauen und die Reichstagswahlen", „Zur Frage des Frauenwahlrechts" entflammten eine begeisterte Stimmung für die Umgestaltung des militaristisch-autoritären Deutschlands in ein demokratisch-soziales Staatswesen.

Wenn das Revolutionsjahr 1918 den Frauen das Wahlrecht für den Deutschen Reichstag und für die Landtage und Gemeindevertretungen brachte, so ist das nicht zuletzt auf die ununterbrochene Propaganda der Sozialdemokratie für die Einführung des Frauenwahlrechts zurückzuführen. Fritz Ebert war aber einer der erfolgreichsten Propandisten auf diesem Gebiete.

Im Arbeitersekretariat Bremen konnte er das zweierlei Recht, das für Männer und Frauen im alten Deutschland bestand, direkt mit Händen greifen. Von der doppelten Moral erzählten hier so viele Ehescheidungs- und Alimentationsprozesse Ungeheuerliches. Das eheliche Güterrecht schrie überall nach Reform, die wirtschaftliche Bevormundung der Frau hatte zum Teil unerträgliche Formen angenommen. In dem Arbeitersekretariat erlebte Ebert förmlich täglich die allseitige Hörigkeit und Gebundenheit der deutschen Frau. Hier wurde sein Kampfeseifer für die rechtlich-bürgerliche und politische Gleichstellung der Frau mit dem Mann fortgesetzt geschürt.

Das mit Füßen getretene Recht der Frau, vor allem der Arbeiterin, hat Ebert in vielen mit Erfolg geführten Streitsachen wieder aufgerichtet.

Ebert fühlt sich überhaupt als der Sachwalter der Bremer Arbeiterschaft. Die Hebung der materiellen, geistigen und sittlichen Lage des Bremer Proletariats ist das unverrückbare Ziel aller seiner Anstrengungen und Mühen im Bremer Arbeitersekretariat. Im Jahre 1901 arbeitet er einen Fragebogen aus, um die Arbeits-, Lohn- und Wohnverhältnisse der Arbeiter und Arbeiterinnen Bremens statistisch festzustellen. Er schärft den Arbeitern ein, streng wahrheitstreu und gewissenhaft die Fragebogen auszufüllen. Die Resultate dieser statistischen Arbeit hat Ebert unter dem Titel: *„Ergebnis einer statistischen Erhebung über die Lebensverhältnisse der bremischen Arbeiter"* herausgegeben.

Das statistische Material hat Ebert ganz objektiv bearbeitet. Seine Erläuterungen zu den statistischen Ergebnissen greifen niemals zur demagogischen Phrase, sie konstatieren sachlich nur das, was ist. Eingehend beleuchtet Ebert die Wohnverhältnisse der Arbeiterschaft Bremens. Er bemerkt über diese Verhältnisse: „Die Ergebnisse unserer Erhebung, die wir nunmehr folgen lassen, werden zeigen, dass der bremische Proletarier – entgegen den vielfachen gegenteiligen Behauptungen – in seinen Wohnverhältnissen seinen Klassengenossen anderer Großstädte gegenüber nichts voraus hat."

Freimütig kritisiert Ebert den Wert bestimmter statistischer Angaben seiner Enquete, und er räumt ohne weiteres ein, dass seine Erhebung kein zutreffendes Bild von den tatsächlich bestehenden allgemeinen Verhältnissen geben kann. Ungemein gewinnend ist die Art, wie Ebert von den Mängeln und Fehlern seiner Arbeit spricht. Die Fehler-

quellen sind nach seiner Ansicht in einer Enquete eingeschlossen, die nicht von Statistikern von Fach angefertigt
ist und die der Hilfskräfte geschulter Kalkulatoren entra-
ten muss. Ebert bescheidet sich damit, durch seine Arbeit
einen Anhalt zur Beurteilung der allgemeinen Arbeiterver-
hältnisse Bremens gegeben zu haben. Sie soll im Wesentlichen einen praktischen Zweck erfüllen, die Gewerkschaften Bremens über ihre Berufsverhältnisse zu unterrichten.

Fünf Jahre hat sich Fritz Ebert mit ganzer Hingabe seiner
Person den schwierigen und aufreibenden Aufgaben des
Bremer Arbeitersekretariats gewidmet. Ende November
1905 trat er aus dem Arbeitersekretariat aus, nachdem er
von dem sozialdemokratischen *Parteitag* in Jena in den *Parteivorstand der sozialdemokratischen Partei gewählt* worden
war. Im gleichen Jahre verließ auch sein langjähriger Kol-
lege Hermann Müller dieses Sekretariat. Des Ausscheidens
beider Männer gedachte der *Sechste Jahresbericht des Arbeitersekretariats Bremen 1906* mit diesen Worten: „Mit dem
Ausscheiden des Genossen Hermann Müller (Ende Juni)
und des Genossen *Fritz Ebert* (Ende November) aus ihrer
bisherigen Stellung hatte das Sekretariat einen doppelten
Verlust zu ertragen, von denen namentlich der letztere
das Sekretariat umso empfindlicher treffen musste, als der
Genosse Ebert mit dem Institut von den ersten Tagen seiner Entstehungsgeschichte an auf das engste verknüpft war,
und er, als ihn das Vertrauen der Arbeiter im März 1900
auf den Posten des Arbeitersekretariats berief, es von vornherein verstanden hat, unter Mithilfe seines später eintre-
tenden Kollegen, des Genossen Müller, das Institut so zu
verwalten und den gestellten Anforderungen in einer so all-
seitigen Weise gerecht zu werden, dass das Sekretariat sich
das *Vertrauen der bremischen Bevölkerung, und zwar nicht
nur der Arbeiterschaft*, gleichsam *im Fluge gewann* und bei
der stetig wachsenden Inanspruchnahme durch die Bevöl-

kerung sich bald zu *einem der bedeutendsten* und *angesehensten* unter den deutschen Arbeitersekretariaten entwickelte."

Ebert bewegt sich nicht in gewohnten, ausgefahrenen Geleisen. Er wendet nicht mechanisch das an, was bisher an Erfahrungen von den Arbeitersekretären gesammelt wurde. Seine eigene Persönlichkeit, seine eigenen Auffassungen von den Aufgaben des Arbeitersekretariats trägt er in das Bremer soziale Rechtsinstitut hinein. Und damit verleiht er dem Sekretariat einen *starken Eigenwert*. Unter seiner Leitung marschiert das Bremer Sekretariat in der stattlichen Reihe der deutschen Arbeitersekretariate obenan.

In dem Jahre (1900), in dem Fritz Ebert auf den Posten des Arbeitersekretärs befördert wurde, wählten ihn die sozialdemokratischen Arbeiter in die Bremer „Bürgerschaft". Die Bahn für eine fruchtbare positive Mitarbeit an den sozialen Aufgaben eines modernen Stadtstaates war damals in Bremen noch nicht geöffnet. Noch verrammelten kurzsichtige bürgerliche Gegner der Sozialdemokratie den Weg zu den Deputationen. Doch Ebert drängte auf einen Ausweg, und man wählte ihn nun nicht als Sozialdemokraten, sondern als Person in die Finanz- und Steuerdeputation. „Er wurde", so schreibt Dr. Diederich in seiner Broschüre ‚Führer des Volkes: Fritz Ebert', „Mitglied des Bürgeramtes und saß in der wichtigen Finanz- und Steuerdeputation." Ebert war kein leerer Demonstrationsredner, der nur zum Fenster hinaussprach, um die Straße in Gärung zu versetzen, sondern er arbeitete positiv an einer Hebung und Verbesserung der sozialen Verhältnisse der Arbeiter in dem Stadtstaat. Seine besten Kräfte setzte er für den Gedanken der Arbeitskammer ein, und unermüdlich stritt er um die Einführung eines kommunalen Arbeitsnachweises. Die Schulverhältnisse erkannte er als dringend reformbedürftig, und das Wahlrecht wollte er auf eine breite demokratische Basis stellen. Sein ehrlicher, von aller

Demagogie freier Kampf für eine tiefgreifende Reform der ökonomisch-sozialen Verhältnisse der Arbeiterschaft trug ihm die Sympathien einflussreicher demokratisch und sozial gesinnter Männer in Bremen ein. Der weitsichtige Prediger Albert Kalthoff, dessen sozial-humane, philosophisch hochstehende Predigten selbst viele Herzen und Köpfe der sozialdemokratischen Arbeiterschaft gewonnen hatten, war oft sein Verbündeter in den großen Fragen des politischen und sozialen Fortschritts.

Weit über Bremen hinaus verbreitete sich nun der Ruf des klugen und erfolgreichen *Politikers* Ebert. Die Sozialdemokratie bemühte sich daher, diesen umsichtigen Politiker auf einen Posten zu stellen, auf dem er noch stärker und nachhaltiger als bisher *politisch* in die Breite und Tiefe wirken konnte; sie wählte ihn auf dem Parteitag in Jena 1905 in *den Vorstand der sozialdemokratischen Partei* hinein. Ebert wurde nun einer der *wirksamsten Reichspolitiker* Deutschlands, namentlich, nachdem ihn die Arbeiterschaft *Elberfeld-Barmens* 1912 in den Reichstag hineingewählt hatte.

Die moderne Jugendbewegung und Fritz Ebert

Der bahnbrechende Pädagoge Wyneken sagt einmal: „Der Jugend eigenes Leben galt nichts und wurde rücksichtslos dem sozialen Zweck geopfert." Die Jugend wurde nur als Vorbereitung für die erwerbstätige Zeit angeschaut, sie war nicht Selbstzweck. Die Jugend selbst schämte sich fast ihres knospenden, prächtig unreifen Zustandes, sie gebärdete sich als erwachsen und nahm alle Arten und Unarten der Lebensführung der „Alten" an. Das „nützliche Mitglied der menschlichen Gesellschaft" lief gleichsam schon in Kinderhosen herum. Aber nicht alle Knaben und Mädchen vergaßen, dass sie noch grün unter der Nase waren und dass sie ihre eigenen Bocksprünge und jugendlichen Tollheiten machen mussten. Sie wollten nicht immer an Vaters Hand wohlgesittet einhergehen. Sie besannen sich auf sich selbst, scharten sich zusammen und wanderten wie die Scholaren des Mittelalters in die Welt hinaus. Der „Wandervogel" entstand im Spätherbst 1901. Diese Jugend wollte jung und von den Existenzkämpfen des Alters noch unbelastet sein. Zwischen dem Elternhaus und dem jugendlichen Tummelplatz bildeten sich scharfe Gegensätze heraus. Die Jugend sehnte sich nach freier Selbstgestaltung ihres Lebens, nach eigenen Freuden und Leiden. An den Fundamenten der väterlichen Autorität, die das werdende Geschlecht nach den Grundsätzen erwachsener Menschen meistern wollte, gruben emsig rührige jugendliche Hände.

Der „Wandervogel" umfasste vorwiegend jugendliche Elemente der bürgerlichen Klassen, er entwickelte Formen der Geselligkeit, die später von der *proletarischen* Jugend übernommen und weiter ausgebildet wurden. Die Geschichte der Bewegung dieser Jugend, die aus schweren wirtschaftlichen Ängsten und Nöten zur Freiheit der Selbstbehauptung emporstieg, ist allerdings aus anderem Stoff geformt als die des bürgerlichen Wandervogels.

An der Schwelle der proletarischen Jugendbewegung stand ein sehr ernstes soziales Ereignis. Im Frühling 1904 fand man im Grunewald die durch blutige Striemen verunstaltete Leiche eines Lehrlings, der sich durch Selbstmord vor den grausamen Züchtigungen eines brutalen Meisters gerettet hatte. Der Tod jenes Unglücklichen wirkte wahrhaft aufrüttelnd auf die proletarische Jugend Berlins. Im Herbst 1904 schlossen sich Lehrlinge zum „Verein der Lehrlinge und jugendlichen Arbeiter Berlins" zusammen. Gar manches Spottwort fiel wohl über den Verein der „Säuglinge", aber der Verein blühte auf – trotz strenger Eingriffe der Polizei in sein junges Leben. Im Jahre 1907 wurden in Berlin allein acht Versammlungen verboten und elf aufgelöst. Die Jugendorganisationen rankten sich aber weiter lustig empor.

Die Jugend hatte sich also auf die eigenen Füße gestellt, hatte eigene Abwehrmaßnahmen gegen ihre wirtschaftliche Ausbeutung geschaffen und wirksame Einrichtungen zu ihrer Bildung und politischen Aufklärung gegründet. Da besannen sich die Gewerkschaften und die sozialdemokratische Partei auf ihre Verpflichtungen gegenüber der ernst ringenden Jugend. Am 13. September 1908 trat in Nürnberg der sozialdemokratische Parteikongress zusammen, der zu der Frage der Arbeiterjugendbewegung Stellung nehmen sollte. Die leitenden Köpfe der Partei waren sich darüber einig, dass man die Jugendlichen nicht von oben schulmeistern dürfe, sondern ihnen den nötigen Spielraum für ihre eigene Bewegung, für die Verwaltung ihrer eigenen Angelegenheiten lassen müsse. Alte und Junge sollten gemeinsam die Jugendbewegung fördern. Der Parteivorsitzende Haase fand auf dem Parteitage überall Verständnis, als er den Satz aussprach: „Nur Persönlichkeiten, die sich in die jugendliche Seele zu versenken vermögen, die liebevoll mit den Jugendlichen zusammenarbeiten können und wollen, dürfen zu dieser Arbeit berufen werden!" Der Parteitag beschloss, in den einzelnen Orten Kommissionen aus Vertretern der örtlichen Parteiorganisationen und der Gewerkschaftskartelle unter Hinzuziehung von *Vertrauenspersonen der jugendlichen Arbeiter* und *Arbeiterinnern* zu bilden, um die Arbeiterjugend im Sinne der proletarischen Weltanschauung zu erziehen. Der Parteitag entschied sich für die Herausgabe eines Organs zur Aufklärung der jugendlichen Arbeiter und Arbeiterinnen.

Gemeinsam mit der Generalkommission der freien Gewerkschaften und Vertretern der Jugend schuf die Sozialdemokratie *„die Zentralstelle für die arbeitende Jugend Deutschlands"*. Den Vorsitz in der Zentralstelle führte *Fritz Ebert*, der für diesen Posten besonders geeignet war, da er als einstiger Stürmer und Dränger die Wünsche und Forderungen der Jugend aus eigenen Erlebnissen kannte. Ihm gelang es trefflich, den Gedanken der Jugendbewegung mit dem der Jugendpflege harmonisch zu vereinigen. Mit bewundernswerter Ruhe hielt er auf der ersten Reichskonferenz der Jugendausschüsse in Berlin am 18. und 19. April 1910 den Anstürmen der jungen Draufgänger stand. Er entwarf ein in aller Sachlichkeit lebendiges Bild von den Arbeiten der Zentralstelle zur Förderung der Jugendbewegung. Er hatte ein Ohr für den Ruf der Jugend nach größerer Bewegungsfreiheit, er verstand es, wenn Hitzköpfe gegen die „Gängelei von oben" lärmten. Dem Anschluss der Zentralstelle an die Jugendinternationale widerstrebte er energisch, weil dieser Anschluss die Jugendbewegung der Willkür der Polizei ausgeliefert hätte.

Dem Programm, das sich die Jugend in den Resolutionen zur Bildungsarbeit und zum Jugendschutz gab, konnte er mit ganzem Herzen zustimmen. Es forderte die Erziehung der proletarischen Jugend zur *tätigen Anteilnahme* an dem *praktischen* und *geistigen Leben der arbeitenden Klasse*. Die wesentlichsten Stoffe zu dieser Heranbildung sollten die *Geschichte* (namentlich der Perioden, die am unmittelbarsten das Verständnis für das Leben der Gegenwart erschließen), die *Gesellschaftswissenschaften* und die in den *Entwicklungsgedanken einführende Naturerkenntnis* bieten. Die Bildungsarbeit sollte dem Verständnis und der Eigenart der Jugendlichen angepasst und *durch Veranstaltungen geselliger und künstlerischer Art* ergänzt werden. Das Programm ging dann ausführlich auf den Schutz der Jugend vor kapitalistischer Ausbeutung ein.

Zehn Jahre hat *Fritz Ebert* der Zentralstelle für arbeitende Jugend Deutschlands vorgestanden und damit eine hochwertige Kulturarbeit geleistet. Im letzten Vorkriegsjahre bestanden 800 Jugendausschüsse und mehr als 100.000 Jugendliche bezogen die „Arbeiterjugend", das durch den Nürnberger Beschluss geschaffene Organ für die proletarische Jugend.

In der „Zentralstelle" hat Ebert Jung und Alt zu wahrhaft schöpferischer Zusammenarbeit vereinigt. Und so stellt denn Karl Korn in seiner trefflichen Schrift: „Die Arbeiterjugendbewegung" fest, „dass in all den Jahren, seitdem die Zentralstelle bestand, bis zur Spaltung in der Kriegszeit zwischen ihren erwachsenen und jugendlichen Mitgliedern das kameradschaftlichste Einverständnis geherrscht hat. Nie, in keinem einzigen Fall, haben sich Differenzen der Art bemerkbar gemacht, wie sie beim Übergang von der organisierten zur freien Bewegung von den Anhängern der selbständigen Organisationen befürchtet worden waren. In keinem einzigen Beschluss von prinzipieller oder taktischer Tragweite sind etwa die Vertreter der Jugend von den Erwachsenen majorisiert worden ... Soweit die Zentralstelle in Betracht kommt, war jedenfalls die vielberufene Frage „Pflege oder Bewegung" durch die gemeinsame Arbeit in der Bewegung nach kurzer Frist für beide Teile gegenstandslos geworden."

Diese schlichten Worte des besten Kenners der Arbeiterjugendbewegung sind das beste und ehrenvollste Zeugnis für die fruchtbare Tätigkeit Eberts in der deutschen Jugendbewegung, die sich zu einer großen Kulturbewegung auswächst. Will sie doch die sich in der Jugend regenden edlen moralischen, intellektuellen und körperlichen Kräfte zur vollen Entfaltung bringen. Der Gemeinschaftsmensch, der Sozialist soll sich bewusst erziehen.

Die ältere Generation der Arbeiterschaft war noch zu stark in dem Glauben befangen, dass der äußere Zwang der Verhältnisse, dass die wachsende Vergesellschaftung der Arbeit und des Lebens den Gemeinschaftsmenschen von selbst formen werde, und sie vernachlässigte die planvolle Erziehung des Menschen zum Sozialisten. In diesem wichtigen Punkte setzte nun die Jugendbewegung kraftvoll ein. Sie schuf neue Formen des Zusammenlebens, die das Gemeinschaftsinteresse in ganz anderer Weise pflegte als in der früheren, streng autoritären Familie, die das Individuum rücksichtslos der Vormundschaft der Eltern unterstellte und seine ganze Betätigung in einen sehr engen Lebenskreis bannte. In der Jugendbewegung erfolgte der Bruch mit überkommenen Sitten und Gepflogenheiten. Die Trinksitten wurden in Jugendkreisen abgestellt, das Rauchen eingeschränkt oder ganz ausgeschaltet. Gegen die Modenarrheiten führte die Arbeiterjugend einen zielklaren Kampf. Einfach und gesundheitlich zweckmäßig sollte das Gewand der Jugend sein. „Die Jugend", so stellte Elisabeth Röhl in ihrem Aufsatz: „Revolution und Mode"

(Vorwärts-Almanach 1922) fest, „der neue Mensch will sein eigenes Kleid haben. Wer hat sie nicht schon bewundern können, die jungen Mädels und die jungen Burschen, die in ihren schlichten Kleidern und Kitteln, ungehemmt und nicht gezwickt und gezwängt, sich ihre Formen und Farben suchten. Was die verhältnismäßig kleine Zahl von Frauen, Führerinnen der Frauenkleidungsreform, in mühevoller, jahrzehntelanger Arbeit erstrebten, heute ist es da, *die Jugend will es*. Sie lehnt die Fesseln ab, auch die der Moden."

In engster Verbindung mit der Arbeiterjugendbewegung steht der „*Jungsozialismus*", die Bewegung der Jugendlichen über 18 Jahre. In ihr ist die Überzeugung, dass der Mensch zum Größten und Höchsten bestimmt ist, eine formende, aufbauende Kraft geworden. Und *diese Kraft* soll sich bewusst, verstärkt, geläutert auswirken. Der jugendliche Arbeiter beider Bewegungen sucht seine Seele zu erziehen, zu veredeln.

In den andachtsvollen Naturfeiern der Arbeiterjugend und der Jungsozialisten, in ihren begeisterten Friedensdemonstrationen pulst ein starkes religiöses Gefühl. Unvergesslich werden für alle jungen Herzen die erhebenden Jugendtage von Weimar und Bielefeld sein, die gemeinsam von den Jungsozialisten und der Arbeiterjugend begangen waren. In dem Festspiel: „Der Aufbruch", das in Bielefeld zur Aufführung gelangte, kam die an das Edelste im Menschen appellierende *ethische Tendenz* der Arbeiterjugendbewegung plastisch in den Worten zum Ausdruck:

Ein neuer Mensch,
Ein neues Sein,
Das ist die ganze Wandlung.
Ein Aufbruch in dem Menschen selbst,
Der bringt euch die Befreiung.

Und diesen inneren ethischen Sinn der Arbeiterjugendbewegung hat Fritz Ebert klar erkannt und erfolgreich gefördert.

Die proletarische Jugend Deutschlands schloss sich nun nicht allein der „Arbeiterjugend"bewegung an, sie trat auch massenhaft den Arbeitersportverbänden bei. Der „Arbeiter-Turn- und Sportbund" wurde bereits 1893 ins Leben gerufen. Er zählte damals nur 4000 Mitglieder. Am 1. Januar 1919 musterte er 4195 Vereine mit 448.913 Mitgliedern. Die Zahl der Fußballspieler betrug 58.450, die der Turnerinnen 35.899. Nicht eingerechnet sind 139.827 Kinder, die an dem Turnen der Vereine teilnahmen. Der „Arbeiter-Radfahrerbund Solidarität" hatte am 31. Dezember 1920 insgesamt 149.818 Mitglieder, der „Arbeiter-Wassersportverband" 60.000 Mitglieder, der „Bund der Naturfreunde" 40.000 Mitglieder. Im Ganzen geboten die Arbeitersportvereine im Jahre 1922 schon über *1 Million Mitglieder*. In allen diesen Sportvereinen betätigen sich massenhaft jugendliche Arbeiter.

Die proletarische Jugend arbeitet planvoll an einer harmonischen Entwicklung von Geist und Körper. Auch die Körperpflege gehört zur Kultur. Die Jugend wirft auch hier den „modischen" Anzug ab, schlüpft in den einfachen, schlichten Sportkittel und strebt aus der Kneipe hinaus ins Freie. Eine gesteigerte Aktivität überall! Erst kamen die Erwachsenen in Fluss, und nun auch die „Jungen" und „Mädels". Neue Umgangsformen bilden sich. Autoritäre Bande werden durch kameradschaftliche ersetzt. Die Jugend wählt sich gleichaltrige Führer und ordnet sich diesen in freiwilliger Disziplin unter. Wer sich selbst bestimmt, der weiß auch, dass ihn für alles Selbstgewollte volle Verantwortung trifft. Selbsterziehung und Gemeinschaftserziehung verbinden sich harmonisch.

Überall regt sich in der Jugend eine gesteigerte Selbstbetätigung und ein neues Gemeinschaftsleben. Neue Wege öffnen sich, mögen es, um den Ausdruck des Jugendführers Karl Brögers zu gebrauchen, „Straßen zum Himmel" sein.

Fruchtbare Einigungsarbeit Eberts

Vor dem Ausbruch des Weltkrieges musterte die Sozialdemokratie mehr als 4 Millionen Wähler und die freie
Gewerkschaftsbewegung mehr als 2 Millionen organisierter Kampfgenossen. Durch Partei- und Gewerkschaftsbewegung ging der gleiche heiße, nach Befreiung lechzende
Odem. Beide Bewegungen erfüllten sich mit der Idee der
Beseitigung des kapitalistischen Herrentums aus der Wirt-
schafts- und Staatsordnung, beide standen auf dem Boden
der theoretischen Erkenntnis, dass das Herrschaftsprin-
zip des Kapitalismus auf ökonomischem und politischem
Gebiet dem Prinzip der freien Vergesellschaftung weichen
müsste. Beide Bewegungen bekannten sich zu dem Grundsatz der Demokratie und strebten eine demokratisch-ge-
nossenschaftliche, gesellschaftliche Produktion und einen
demokratisch-sozialen Staat an. Beide Bewegungen präg-
ten scharf den Klassencharakter aus und beschritten die
Bahn des Klassenkampfes.

Trotz der tiefen Übereinstimmung beider Bewegungen in ihren Zielen und Mitteln waren Grenzstreitig-
keiten zwischen beiden nicht ausgeschlossen. Radikale
Sozialdemokraten konnten z.B. die strikte Durchführung
der Arbeitsruhe am 1. Mai fordern, während besonnene
Gewerkschaftler in dieser Forderung die Entzündung
gewaltiger, langwieriger Kämpfe befürchteten, die schließlich die gesamte Machtposition der Gewerkschaften
schwächen konnten. Radikale Sozialdemokraten sahen in
dem Massenstreik vielleicht ein revolutionäres Mittel zur

Beseitigung des Kapitalismus, gemäßigte Gewerkschaftler dagegen widerrieten der Anwendung des Massenstreiks, weil er niemals zu einem revolutionären Zusammenbruch der kapitalistischen Wirtschaft führen könnte. Der politische Streik griff in den Machtbereich der Gewerkschaften ein. In dieser Frage konnte die Sozialdemokratie nicht selbstherrlich handeln, da musste sie die Gewerkschaften hören, da war sie auf das engste an die Unterstützung dieser wirtschaftlichen Organisationen gebunden. Das Massenstreikproblem schloss gewisse Konfliktsmöglichkeiten zwischen der Sozialdemokratie und den Gewerkschaften ein.

In der Frage des politischen Massenstreiks hat *Fritz Ebert* stets klug zwischen der politischen und der gewerkschaftlichen Bewegung zu vermitteln verstanden. Er wollte mit Bebel den Massenstreik auf die Zurückweisung eines Anschlags gegen das *allgemeine Wahlrecht* und das *Koalitionsrecht*, auf die *Eroberung eines wichtigen Grundrechts für die Arbeiterschaft* begrenzt sehen. Die Sozialdemokratie und die Gewerkschaftsbewegung durften sich nach Ebert nur auf klare, bestimmte, in ihrem Verlauf begrenzte Massenstreikaktionen festlegen. Den Massenstreik hielt Ebert nur dann für gerechtfertigt, wenn er aus den *Beschlüssen* der *sozialdemokratischen Partei* und der *Gewerkschaften* hervorgehen würde. Er legte daher den Nachdruck auf die *völlige Übereinstimmung der politischen Partei und der Gewerkschaften in der Massenstreikfrage.* Nur ordnungsmäßig von beiden leitenden Instanzen der Arbeiterbewegung beschlossene Streikaktionen befürwortete er.

Im Jahre 1906 legte der sozialdemokratische Parteitag in Mannheim folgende Taktik bei einem in Aussicht genommenen Massenstreik fest: „Sobald der Parteivorstand die Notwendigkeit eines politischen Massenstreiks für gegeben erachtet, hat er sich mit der Generalkommission der Gewerkschaften in Verbindung zu setzen und alle Maßnahmen zu ergreifen, die erforderlich sind, um die Aktion erfolgreich durchzuführen."

Ebert wusste in allen grundlegenden politischen Fragen, die auch für die freiheitlich gerichteten Gewerkschaften von entscheidender Bedeutung waren, verbindende Brücken zwischen der Sozialdemokratie und den gewerkschaftlichen Organisationen zu schlagen. Er half damit einen innigen Zusammenhang und eine festgefügte Einheit zwischen beiden Bewegungen schaffen. Die Sozialdemokratie warb erfolgreich für die Gewerkschaften in der sozialdemokratischen Arbeiterschaft, und die Gewerkschaften machten ihre Mitglieder für die von der Sozialdemokratie eingeleiteten politischen Aktionen mobil. Die deutsche Arbeiterschaft konnte dank dieser klugen Taktik geschlossen bei den großen Bewegungen auftreten, die den politisch entrechteten Massen das allgemeine Wahlrecht erobern wollten. Sozialdemokraten und Gewerkschaftler formierten die große Armee der Wahlrechtskämpfer. Die Arbeitermarseillaise erklang im Jahre 1906 bei den großen Wahlrechtsdemonstrationen vor dem königlichen Schloss in Dresden. Zahlreiche gewerkschaftliche und sozialdemokratische Wahlrechtskämpfer wurden in politische Prozesse verwickelt. In Dresden allein wurden 20 Jahre Gefängnis über Wahlrechtsdemonstranten verhängt. Ungeheure Massen bot die Sozialdemokratie in Preußen für ihren Sturm gegen das Dreiklassenwahlrecht auf. Der sogenannte „Wahlrechtssonntag", die Massendemonstrationen Unter den Linden und in dem Treptower Park bildeten Höhepunkte der preußischen Wahlrechtsbewegung.

Nur ein Mann, der so klar wie Ebert das Wesen der politischen Kämpfe erfasst und der sich zugleich so tief in die Eigenart der gewerkschaftlichen Institutionen eingelebt hatte, konnte der sozialdemokratischen Partei geben, was der Partei ihrem Wesen nach zukam. Sein strenger Gerechtigkeitssinn vermied peinlich die Ausnutzung irgendeines momentanen Vorteils zugunsten der Partei. Er fühlte sich gleichsam als Sachwalter beider Arbeiterorganisationen, er erkannte klar das Gemeinsame und das Trennende in beiden Bestrebungen. Nie griff er in die Kompetenzen der gewerkschaftlichen Instanzen ein, er wusste stets die Partei und die Gewerkschaften zu gemeinsamer harmonischer Arbeit zu vereinigen.

Als ein Mann des geschickten Verhandelns und der durchgreifenden Tat erwirbt sich Ebert denn auch die wärmsten Sympathien der Gewerkschaftler und der sozialdemokratischen Parteipolitiker. Die Vorstände der Gewerkschaften betrauen ihn mit einem Aufsichtsratsposten in der Versicherungs-Organisation der „Volksfürsorge". Carl Legien, der erfolgreiche Stratege der deutschen Gewerkschaftsbewegung, schlägt ihn 1911 auf dem sozialdemokratischen Parteitag in Jena zum Parteivorsitzenden vor. Legien rühmt ihm nach, dass er in der Beilegung von Parteidifferenzen „eine überaus glückliche Hand" gehabt hat. „Gegenwärtig sowohl, wie vielleicht in der nächsten Zeit", so betont Legien, „wird es wesentlich darauf ankommen, dass wir den Posten eines Vorsitzenden mit einem Genossen besetzen, der nach der genannten Richtung hin ausgleicht, der bei Differenzen den nötigen Takt und gewisses Geschick bisher bewiesen hat". Bebel erklärt ausdrücklich, dass er und seine Vorstandskollegen in das Lob, das Legien dem Ebert erteilt hätte, ganz einstimmen. Ulrich, der spätere hessische Ministerpräsident, spricht in Jena, indem er sich gegen die Kandidatur Haases zum Parteivorsitzenden wandte, das bezeichnende Wort: „Die Betätigung von Ebert bietet uns eine viel größere Sicherheit dafür, dass die Partei unter seiner Leitung zusammengehalten und vorwärtsgetrieben wird zum Segen der Partei."

Durch Fritz Eberts kluge Taktik, der als Sekretär im sozialdemokratischen Parteivorstand eine starke Initiative entwickelte, flossen die Kräfte der Sozialdemokratie und der Gewerkschaften in allen den entscheidenden Fragen harmonisch und erfolgreich zusammen, in denen es sich um die Beseitigung des Dreiklassenwahlrechts, um die Aufrichtung der sozialen Demokratie, um die Ausgestaltung der sozialen Versicherung und des Arbeiterschutzes, um die Schaffung eines freien Koalitionsrechts und um die Umbildung des Kapitalcharakters der Wirtschaft handelte.

Die schaffende Hand Fritz Eberts wird überall da sichtbar, wo das neue Deutschland der Arbeit und Demokratie elementargewaltig ins Dasein drängt, um die autoritäre Klassengesellschaft und den militaristisch-obrigkeitlichen Staat zu überwinden.

Die neue Weltpolitik

Das neue Deutschland des Jahres 1918 steht in enger Blutsverwandtschaft mit dem Deutschland des Jahres 1848. Dass die Geschichte dieses deutschen Freiheitsjahres in der Gedanken- und Gefühlswelt der deutschen Arbeiterschaft lebendig blieb, dafür hatte eine umfassende historische und politische Literatur der Sozialdemokratie Sorge getragen. Alljährlich feierte ferner das sozialistische Proletariat den 18. März 1848 als den Geburtstag der deutschen Freiheit. Auf den Gräbern der Märzgefallenen hob sich vom dunklen Grün der Kränze das seidene Rot der sozialdemokratischen Widmungsschleifen ab. Der deutsche Arbeiter verschmolz in seinem politischen Denken die Idee der Freiheit organisch mit dem nationalen Einheitsgedanken.

Fritz Ebert ist tief in die sozialdemokratische Literatur des Jahres 1848 eingedrungen, und er ist mit ihr ein demokratisch-sozialistischer *Großdeutscher* geworden. Die Grundlinien der Weltpolitik von Karl Marx haften fest in seiner Erinnerung. In Marx flammen schon im Jahre 1848 die Grundlinien einer demokratisch-sozialistischen Weltpolitik auf. In allen Ländern mit kapitalistischer Wirtschaft sieht er die gleichen kollektiven Produktionsformen emporstreben, und in allen diesen Ländern ist nach seiner Ansicht eine proletarisch-demokratische Politik möglich. Nur im Rahmen großer zentralisierter Nationalstaaten kann sich nach Marx diese Politik zu einer weltumgestaltenden Kraft entfalten. Ein föderiertes Europa schwebt seinem kühnen, weitausschauenden Geiste vor: „Die Vereinigten Staaten von Nordamerika," so schreibt er in der „Neuen Rheinischen Zeitung", „abgesehen davon, dass sie alle gleichartig konstruiert sind, erstrecken sich über eine Fläche so groß wie das zivilisierte Europa. Nur in einer *europäischen Föderation* können sie eine Analogie finden. Und damit Deutschland sich mit anderen Ländern föderiert, muss es vor allem *ein* Land werden."

In der „Inauguraladresse" und den Statuten der *Internationale* (1864) eröffnete dann Marx einen grundsätzlichen Kampf gegen die auswärtige Geheimpolitik der Großmächte. In dieser Adresse richtete er einen Sturmangriff gegen den russischen Zarismus, weil diese „finstere asiatische Macht" von der Aristokratie und Bourgeoisie als letzte Zuflucht gegen das Vorschreiten der Arbeiterklasse betrachtet würde. Unter der sichtbaren Führung von Marx steuerte die Internationale auf die Aufhebung der großen stehenden Heere und auf eine allgemeine Volksbewaffnung los. Beseitigung des bewaffneten Friedens, Verbrüderung aller Völker forderten die Kongresse der Internationale wiederholt. Resolutionen gegen den Krieg beschlossen die Kongresse der Internationale in Lausanne 1867, in Brüssel 1868, in London 1888, in Paris 1889, in Brüssel 1891, in Zürich 1893, in London 1896, in Paris 1900, in Stuttgart 1907, in Kopenhagen 1910 und in Basel 1912. Der *Völkerbundgedanke* leuchtet schon 1867 hell in dem Beschluss der Internationale auf, in dem sie einen allgemeinen und freien Bund der Völker fordert. Und kurz vor dem Ausbruch des Weltkrieges stellt noch der außerordentliche sozialistisch-internationale Kongress in Basel der kapitalistischen Welt der Ausbeutung und des Massenmordes die proletarische Welt des Friedens und der Verbrüderung der Völker entgegen.

Im Juli 1914 hat Fritz Ebert als Mitglied des Parteivorstandes die großen Demonstrationen der Sozialdemokra-

tie gegen den Krieg organisiert. Das Manifest des Parteivorstandes vom 25. Juli 1914 verurteilte in schärfster Form
die „frivole Kriegsprovokation" der österreichisch-ungari-
schen Regierung. Das Manifest rief leidenschaftlich in die
Welt hinaus: „Wir wollen keinen Krieg! Nieder mit dem
Krieg! Hoch die internationale Völkerverbrüderung!"

Das verbrecherische österreichische Ultimatum, die
täppischen Handlangerdienste der deutschen Diplomaten
und Militärs für die Treibereien der schwarz-gelben Kriegs-
hetzer, die Intrigen der russischen Kriegspartei und die von
ihr entfesselte allgemeine Mobilisierung der russischen
Armee, sie waren mächtiger als der Friedenswille des sozialistischen Proletariats, und sie setzten die Welt in Brand.

Als überzeugter Anhänger einer weitsichtigen Völker-
verbrüderungspolitik richtete Fritz Ebert fest seine Augen
auf die schnelle Beendigung des massenmörderischen,
wohlstandvernichtenden Weltkrieges. In der von der
sozialdemokratischen Reichstagsfraktion beschlossenen
Erklärung vom 4. August 1914 hieß es unter anderem:
„Nicht für oder gegen den Krieg haben wir heute zu entscheiden, sondern über die Frage der für die Verteidigung
des Landes erforderlichen Mittel ... Für unser Volk und
seine freiheitliche Zukunft steht bei einem Siege des russischen Despotismus, der sich mit dem Blut der Besten
seines Volkes befleckt hat, viel, wenn nicht alles auf dem
Spiele. Es gilt, diese Gefahr abzuwehren, die Kultur und
die Unabhängigkeit unseres eigenen Landes sicherzustel-
len ... Wir fordern, dass dem Kriege, sobald das Ziel der
Sicherung erreicht ist und die Gegner zum Frieden geneigt
sind, ein Ende gemacht wird durch einen Frieden, der die
Freundschaft mit den Nachbarvölkern ermöglicht ... Wir
hoffen, dass die grausame Schule der Kriegsleiden in neuen
Millionen den Abscheu vor dem Kriege wecken und sie für
das Ideal des Sozialismus und des Völkerfriedens gewin-

nen wird. Von diesen Grundsätzen geleitet, bewilligen wir die geforderten Kriegskredite."

Der Verständigungsfriede dieser sozialdemokratischen Erklärung vom 4. August 1914 konnte jedoch nur durch ein neues demokratisches Deutschland durchgesetzt werden, das den Einfluss des autoritären Militarismus ausschaltete und die modernen sozialen Klassen im Staat und in der Verwaltung zur Herrschaft berief. Ebert setzte daher seine Bestrebungen zur Beseitigung des preußischen Dreiklassenstaates und zur Einführung des demokratischen Parlamentarismus mit verdoppeltem Eifer im Kriege fort.

Ebert für Verständigungsfrieden und Demokratie

Auf dem Würzburger Parteitag der deutschen Sozialdemokratie im Oktober 1917 hat Ebert das Programm des neuen
Deutschlands in seiner Schlussrede vor aller Welt bekannt
gegeben. Er führte damals unter anderem aus: „Vor allem
muss das neue Deutschland ein freies Deutschland sein!
Frei von allen Klassenprivilegien, frei von allen politischen
und geistigen Hemmungen und Bevormundungen. Freie
Entfaltung unserer vollen Volkskraft auf allen Gebieten
ist für die Arbeiterklasse und das Reich Lebensnotwendigkeit … Rückhaltlos haben wir unsere Beziehungen
zur proletarischen Internationale besprochen. Der Hass,
der allenthalben in der Welt Orgien feiert, hat Zugang zu
unseren Herzen nicht gefunden. Seiner Unfruchtbarkeit
setzen wir die Liebe und Achtung entgegen, die allein
imstande ist, aufzubauen *den Bund der freien Völker*, die
allein imstande ist, aufzubauen die Macht, die der Welt den
Frieden erkämpfen und sichern kann!"

Den freien „Völkerbund" schrieb er auf die Fahne des
neuen arbeitenden Deutschlands. Schon auf der sozialistischen Stockholmer Konferenz im Juni 1917 hatte er diese
Fahne aufzupflanzen gesucht. Durch die neutralen Sozialisten hoffte er sehnenden Herzens eine Verständigung der
kriegführenden Völker herbeizuführen, aus der ein „Bund
der freien Völker" sprießen konnte. Lebhafte Verbindun-
gen hatte er vom Beginn des Weltkrieges mit den Sozialisten der neutralen Länder gepflegt. Von ihnen erwartete
er vor allem die Initiative für einen Dauerfrieden. Doch er

kannte die Stimmungen in ihren Kreisen zu gut, um nicht die Schwierigkeiten zu übersehen, die sich einer Verständigung der sich zerfleischenden Völker entgegenwarfen. Die Stockholmer Konferenz sollte im Juni 1917 einer internationalen Aussprache über das Friedensproblem dienen. Schon vor der Konferenz steckte Ebert Warnungszeichen auf, um gar zu utopistische Erwartungen, die an die Stockholmer Aussprache geknüpft waren, abzuwehren. Aus seiner Feder stammte eine ganze Reihe von Aufsätzen, die er im „Vorwärts" über die Stockholmer Konferenz veröffentlichte. In der Entente waren schon Stimmen laut geworden, die sich ganz unverhüllt für weitgesteckte Eroberungsziele und für die Zertrümmerung der Mittelmächte aussprachen.

Am 2. Juni 1917 begab sich die deutsche sozialdemokratische Delegation von Kopenhagen nach *Stockholm*. An ihrer *Spitze* stand *Fritz Ebert*. Die deutschen Sozialisten übergaben ein Memorandum, in dem die Grundlagen für einen in sich gefestigten Weltfrieden aufgestellt waren. In dem Memorandum hieß es unter anderem: „Die deutsche Sozialdemokratie erstrebt einen Frieden der Verständigung. Wie sie die Gewähr der politischen, wirtschaftlichen und kulturellen Entwicklungsfreiheit des eigenen Volkes fordert, so verurteilt sie auch die Vergewaltigung der Lebensinteressen der anderen Völker. Nur ein solcher Friede trägt die Gewähr der Dauer in sich, nur er ermöglicht es den Völkern, die Atmosphäre feindseliger Spannungen zu überwinden und alle ihre Kräfte in den Dienst des sozialen Aufstiegs und der Förderung höchster nationaler und menschheitlicher Kultur zu stellen."

Ebert trug in Stockholm die Bedingungen vor, unter denen die deutschen Sozialisten zu tagen versprochen hatten. Ein langer Fragebogen wurde ihnen nun unterbreitet. Ebert behielt sich die Besprechung dieses Fragebogens vor, und auf den Hinweis, dass es den Deutschen als den

„Hauptangeklagten" wohl am schlimmsten ergehen werde, antwortete er, diese würden ihre Politik im Kriege zusammenhängend darstellen. Der Holländer van Kol ließ nun alle Minen gegen die deutschen Sozialisten springen. Ebert wies in würdiger Form die Angriffe des „Neutralen" gegen Deutschland und gegen die deutschen Sozialdemokraten zurück. Entgegen den ausdrücklichen Verabredungen hatte nämlich van Kol die Kriegsschuldfrage als Zankapfel in die Stockholmer Besprechung hineingeworfen.

Die Stockholmer Konferenz scheiterte. Noch über ein Jahr raste sich die Kriegsfurie aus. Ebert hatte ehrlich versucht, über die flammende Lohe der Kriegsschauplätze hinweg seinen Arbeitsbrüdern die Friedenshand zu reichen. Feindeshass ist seiner Seele stets fremd geblieben. Schwerste und bitterste Erlebnisse konnten seine humane Gesinnung nicht erschüttern. Zwei geliebte Söhne verschlang der Blutozean des Weltkriegs, aber das Evangelium des sozialistischen Kulturpolitikers strahlte in ihm in voller Reinheit fort.

Die Stockholmer Friedensforderungen hallten nach dem bedauerlichen Ausgang der Stockholmer Konferenz mit verstärkter Kraft im Deutschen Reichstag wider. Am 22. Juni 1917 folgten Ebert und Scheidemann einer Einladung Wahnschaffes in die Reichskanzlei und fassten das Ergebnis von Stockholm in die Forderung zusammen: Klare Friedensbekenntnisse, kein Gerede, an dem sich deuteln lasse oder an dem man selbst deutele, außerdem Demokratisierung. Ende Juni 1917 wurde dann dem Reichskanzler v. Bethmann Hollweg auf seinen Wunsch eine von Dr. David und Scheidemann verfasste Denkschrift zugestellt, die von den Vorständen der sozialdemokratischen Partei und der sozialdemokratischen Reichstagsfraktion gedeckt war. In dieser Denkschrift heißt es warnend: „Schneller als man denkt, kann die Stunde kommen, wo die Kraft und der

Widerstand versagen. Wenn die Belastung weiter steigt und nichts Durchgreifendes geschieht, dem drohenden Zusammenbruch vorzubeugen, so gehen wir der größten Gefahr entgegen. Es gibt jetzt nur einen Ausweg, um schlimmstes Unheil zu verhüten. Die Staatsumwälzung in Russland bietet eine Anknüpfungsmöglichkeit, die nicht verpasst werden darf. Der Arbeiter- und Soldatenrat hat die Formel aufgestellt: Friede ohne Annexionen und Kriegsentschädigungen! Die Antwort Eurer Exzellenz im Reichstag war ebenso wenig genügend, wie die spätere Erklärung in der „Norddeutschen Allgemeinen Zeitung". Russland wird in der Hand der Ententemächte bleiben, solange die deutsche Regierung sich nicht entschließt, einen allgemeinen Frieden auf Grund der Petersburger Formel zuzugestehen … Gibt die deutsche Regierung eine jeder Deutungskunst entzogene Erklärung ihrer allgemeinen Friedensbereitschaft im Sinne des russischen Arbeiter- und Soldatenrates ab, so würde das eine mächtige Förderung aller der Kräfte bedeuten, die auf einen baldigen Frieden hinarbeiten." Die Denkschrift stellt weiter die Forderung einer Neuordnung der staatlichen Verhältnisse des Reiches und Preußens auf. Diese Denkschrift trägt als erste Unterschriften die Namen von Fritz Ebert und Ph. Scheidemann.

Schrittmacher der deutschen Demokratie

Die kritische Lage Deutschlands stand klar vor den Augen Eberts, und dieser berannte mit nie ermüdendem Eifer die von der Obersten Heeresleitung geschützte Front der Annexionisten, die schroff einen Verständigungsfrieden ablehnten. Die Granden des Herrenhauses empörten sich über die Initiative, die von führenden Männern wie Ebert, Scheidemann und Legien in der Außenpolitik ergriffen wurde. „Wie es früher Zusammenkünfte von Kaisern und Königen gab", so polterte der Graf York, „so jetzt Zusammenkünfte interparlamentarischer Art. Frieden zu schließen, ist nur der Kaiser berufen, und so steht es auch in der Reichsverfassung." Ebert war lebhaft beteiligt an den Bestrebungen im Reichstag, ein Zusammenwirken der Sozialdemokraten mit der Fortschrittlichen Volkspartei und dem Zentrum herbeizuführen, umso stärker auf den Gang der Kriegspolitik einwirken zu können. Diese Bestrebungen führten zur Einsetzung des interfraktionellen Ausschusses, der dem Reichstag die berühmte Friedensresolution vorlegte, die einen Frieden der Verständigung und der dauernden Versöhnung der Völker, einen Frieden ohne erzwungene Gebietserwerbungen und ohne politische, wirtschaftliche und finanzielle Vergewaltigungen forderte.

Gegen diese Friedensresolution des Reichstags liefen die „Vaterlandspartei" und viele militärische und zivile Behörden Sturm. Da warf sich Ebert den stürmenden Vaterlandsparteilern entgegen und stellte dem Reichskanzler ein sehr beweiskräftiges Material über die Unterminierung der Friedensresolution durch nationalistische Beamte zu.

Die Friedensresolution des Reichstags, dieses erste Dokument des mündig werdenden deutschen Parlaments, wurde mit einer fast fanatischen Wut von den Anhängern des obrigkeitlichen Militärstaates verfolgt. Im Juli 1918 verbot der Kriegsminister von Stein den Friedensgesellschaften die Erörterung der Friedensresolution, selbst in einer geschlossenen Versammlung. In Frankfurt a.M. verfiel eine Versammlung der Friedensgesellschaft der Auflösung, weil sie sich über diese Resolution aussprechen wollte. Der erste Schritt des Reichstags, sich den Weg für eine selbständige äußere Politik zu bahnen und in die Frage von Krieg und Frieden entscheidend mitzusprechen, beschwor den schärfsten Widerstand aller Militärs und Bürokraten herauf, die den „obersten Kriegsherrn" und die Armee in alter Machtstellung erhalten wollten. Ebert hat den zaghaften Reichstag fortgesetzt auf die Hacken getreten, damit dieser auf der einmal betretenen Bahn der politischen Machteroberung rüstig vorwärts schritte. Die schwankende, unhaltbare Basis des obrigkeitlichen Staates brachte Ebert den weitesten Kreisen des Volkes zum Bewusstsein. Im *Hauptausschuss des Reichstags* war er die treibende Kraft einer planmäßigen Fortentwicklung der Volksrechte. Hier, im Hauptausschuss des Reichstags, bewies er eine bewundernswerte Klarheit und Schnelligkeit in der Erfassung einer politischen und militärischen Situation. Als Fehrenbach 1918 die Leitung des Hauptausschusses des Reichstags niederlegte, wurde diese Ebert übertragen. Der Hauptausschuss enthüllte nun rücksichtslos die politische Herrschaft der hohen Generale, die den Deputationen der russischen Randstaaten den Weg nach Berlin versperrten, wenn sie bekannte

Abgeordnete aufsuchen wollten. Selbst der Zutritt zum Reichskanzler Hertling war diesen Deputationen verwehrt worden.

Die militärische Nebenregierung schritt selbst noch Ende September 1918, als die militärische Lage Deutschlands bereits bedrohlich geworden war, gegen die öffentliche Besprechung der preußischen Wahlreformvorlage ein, die vor allem dem Drängen Eberts und seiner Freunde nach einer Einführung des Reichstagswahlrechts für Preußen geschuldet war. Erst mit dem drohenden Zusammenbruch der Armee legte die Regierung die Hand an einen neuen Aufbau des Staates. Nun wird in aller Eile der Reichskanzler Graf Hertling entlassen, und „Männer, die vom Vertrauen des Volkes getragen sind", sollen „in weitem Umfang an den Rechten und Pflichten der Regierung teilnehmen". (Der Kaisererlass vom 30. September 1918.)

Die militärische Lage Deutschlands hatte sich im Schnelltempo verschlimmert, und bereits am 10. September war von Hindenburg die Bitte ausgesprochen worden, die Vermittlung einer neutralen Macht „ohne Aufschub" herbeizuführen. Inzwischen brach Bulgarien militärisch zusammen, und am 29. September ersuchte der Staatssekretär v. Hintze die Einwilligung des Reichskanzlers zu dem Vorschlag: „Präsident Wilson Frieden anzubieten auf Grund seiner 14 Punkte und ihn einzuladen, eine Friedenskonferenz nach Aufforderung zu sofortigem Waffenstillstand nach Washington zu berufen." 1. Oktober liefen beunruhigende Telegramme und Telefongespräche aus dem Großen Hauptquartier in Berlin ein. In diesen Kundgebungen des Großen Hauptquartiers hieß es unter anderem: „Heute halten die Truppen noch – was morgen geschehen werden, sei nicht vorauszusehen. Man solle das Friedensangebot *sofort* hinausgehen lassen und damit nicht bis zur Bildung der neuen Regierung warten."

Der neue Reichskanzler Prinz Max von Baden will nun die neue Regierung erst „*konsolidieren*", damit nach außen hin nicht der Eindruck erweckt werde, als handelten wir bei unserer Bitte um Friedensvermittlung unter dem Druck der militärischen Zwangslage. In dieser bedrohlichen Situation tritt an *Fritz Ebert* die Frage heran: soll er sich für einen *Eintritt von Sozialdemokraten in ein Reichsministerium*, das auf zu schwankendem Boden aufgerichtet ist, einlegen?

Er stand in engster Verbindung mit dem Prinzen Max und erfuhr am 3. Oktober diesen Bescheid Hindenburgs über die militärische Lage Deutschlands: „Die Oberste Heeresleitung bleibt auf ihrer am Sonntag, den 29. September, gestellten Forderung der sofortigen Herausgabe des Friedensangebotes an unsere Feinde bestehen. Infolge des Zusammenbruchs der mazedonischen Front, der dadurch notwendig gewordenen Schwächung unserer Westreserven und infolge der Unmöglichkeit, die in den Tagen der letzten Schlachten eingetretenen, sehr erheblichen Verluste zu ergänzen, besteht nach menschlichem Ermessen keine Aussicht mehr, dem Feinde den Frieden aufzuzwingen. Der Gegner seinerseits führt beständig frische neue Reserven in die Schlacht. Noch steht das deutsche Heer festgefügt und wehrt siegreich alle Angriffe ab. Die Lage verschärft sich aber täglich und kann die Oberste Heeresleitung zu schwerwiegenden Entschlüssen zwingen ..."

Der niederschmetternde Eindruck, der von diesem Bescheid der Obersten Heeresleitung ausging, wurde noch beträchtlich vermehrt durch den erschütternden Bericht des Majors von dem Bussche über die militärische Lage Deutschlands. Diesen Bericht hörte Ebert ergriffen mit an. Sein Entschluss reifte schnell, *den* Parteigenossen in der sozialdemokratischen Fraktionsvorstandssitzung entgegenzutreten, die den Eintritt der Sozialdemokratie in die

Regierung in der jetzigen verzweifelten Lage für politisch fehlerhaft und für zwecklos in nationaler Hinsicht hielten. Philipp Scheidemann hat in seiner Schrift: „Der Zusammenbruch" Eberts tatkräftige Befürwortung der sozialdemokratischen Besetzung des Ministeriums so festgelegt: Als er (Ebert) meinen ablehnenden Standpunkt abermals hörte, wandte er sich entschieden gegen mich und vertrat den Standpunkt, dass *wir nun erst recht in die Regierung gehen müssten.* Zwar glaube auch er nicht, dass wir noch irgendetwas retten können, aber wir sollten folgende Erwägung anstellen: Falls nun alles zusammenbricht, außen und innen, wird man uns nicht später den Vorwurf machen, dass wir in einem Augenblick unsere Mitwirkung versagt hätten, in dem man uns dringend von allen Seiten darum gebeten hatte. Nach langem Hin und Her, das sich dann in einer Fraktionssitzung fortsetzte, wurde mit erheblicher Mehrheit die Anteilnahme an der Regierung beschlossen."

Mit der von Ebert *durchgesetzten Beteiligung der Sozialdemokratie* an der Regierung, erhielt das *neue Deutschland* einen *bestimmenden Einfluss auf die Leitung des Staates.* Nach der Ansicht Eberts musste die Sozialdemokratie, die ja in erster Linie das neue Deutschland repräsentierte, in einem Moment, da der Staat nach innen und außen zusammenzubrechen drohte, einspringen und an der Neugestaltung der deutschen politischen Verhältnisse mitwirken. Wo sich in höchster Gefahr alle Augen erwartend nach der Sozialdemokratie hinwandten, konnte diese nicht passiv die Hände in den Schoß legen.

Eberts Verdienste um den jungen Staat

Mit dem Eintritt der Sozialdemokratie in das Reichsministerium erhielt dieses *einen ganz parlamentarischen Zuschnitt.*
Den 5. Oktober 1918 bezeichnete daher Ebert als den
„Geburtstag der deutschen Demokratie". Er hat vor allem die
neue Wendung in der Politik Deutschlands herbeigeführt.
Seine wuchtige Schaffenskraft stellte sich nun auf die feste
Fundamentierung einer „Regierung des Volksvertrauens"
ein. Sie war nach seiner Ansicht dazu berufen, neue sozial-
ethische Kräfte im Volksleben zu entfesseln. Am 22. Oktober 1918 sprach er die bezeichnenden Worte: „Eine neue
Zeit muss einen neuen Glauben an eine neue Gerechtigkeit wecken … Hab und Gut können wir verlieren – die
Kraft, die neues schafft, kann uns aber keiner nehmen."
Ebert trat nicht in das Reichsministerium ein; aber er
wurde in schwerster Zeit dessen parlamentarische Haupt-
stütze. Von ihm ging eine Festigkeit, eine Entschlossenheit
aus, die den Rücken der Männer steifte, in deren Händen
die Entscheidung über das Schicksal Deutschlands lag.
Und seine stählerne Energie wurde nun zu der Lösung der
größten politischen Aufgaben aufgerufen.
Am 3. November krachte in Kiel die erste Gewehrsalve,
und damit begann der Zusammenbruch in Deutschland.
Die Kieler Matrosen waren in Aufruhr, und das Gerücht
von dieser Rebellion trug eine heftige nervöse Aufregung
in die Berliner regierenden Kreise. In dem Durcheinander,
das die Kieler revolutionäre Erhebung in Berlin erzeugt
hatte, bewährten sich wieder die starken Nerven und der

klare Kopf Fritz Eberts. Er lenkte die Aufmerksamkeit der regierenden Männer auf den Mann, der in Kiel Ordnung schaffen und den Ausbruch der Verzweiflung in geordnete Bahnen lenken konnte: auf Gustav Noske. Dieser hat die Rolle Eberts in dieser gefahrdrohenden Situation so geschildert: „Am Montag, den 4. November, am Vormittag, etwa, gegen 11 Uhr, rief mich Philipp Scheidemann, der kürzlich im Kabinett des Prinzen Max von Baden Staatssekretär ohne Portefeuille geworden war, im Reichstagsgebäude an, wo ich in der letzten Zeit mit meinem Freund Fritz Ebert, dem damaligen Vorsitzenden der sozialdemokratischen Reichstagsfraktion, täglich weilte, um zu den sich überstürzenden politischen Ereignissen Stellung nehmen zu können. Scheidemann deutete kurz an, in Kiel seien bedenkliche Dinge vorgekommen. Es müsse jemand sofort dorthin fahren. *Ebert habe auf meine Anwesenheit in Berlin aufmerksam gemacht.* Sofort möchte ich zu weiterer Rücksprache in die Reichskanzlei kommen." („Von Kiel bis Kapp" von Gustav Noske.)

Noske wird Gouverneur von Kiel, er zerbricht den Widerstand gewaltrevolutionärer Fanatiker, die eine rote Armee bewaffnen wollen, und hält mit fester Hand die Ordnung aufrecht. Mit großer Menschenkenntnis hat Ebert den Mann entdeckt, der die demokratische Republik vor dem Ansturm des spartakistischen Radikalismus retten kann.

Die revolutionäre Feuerlawine wälzt sich nun über die ganze Wasserkante. Die Stunde gebietet die schleunige Beseitigung des ganzen autoritären Systems, die Entfernung des Kaisers und des ihm gleichgesinnten Thronfolgers und den Fortfall aller die Volksbewegung hemmenden Schranken. Am 7. November 1918 fordern die Vorstände der sozialdemokratischen Partei und sozialdemokratischen Fraktion: die Freigabe der verbotenen Versammlungen, Anweisungen an die Polizei und das Militär zur äußersten Besonnenheit, Rücktritt des Kaisers und Kronprinzen bis zum 9. November nachmittags, Verstärkung des sozialdemokratischen Einflusses in der Regierung und die Umgestaltung des preußischen Ministeriums im Sinne der Mehrheitsparteien des Reichstags. Zugleich künden die Sozialdemokraten den Rücktritt ihrer Vertreter aus der Regierung an, wenn bis zum 9. November nachmittags keine befriedigende Antwort auf diese in Form eines Ultimatums gestellten Forderungen eintreffen sollte. Die Antwort verzögerte sich, und am 9. November gingen die Berliner Regimenter zur Revolution über, nachdem sie von Wels zum Anschluss an diese aufgefordert worden waren. Stillschweigend verschwanden die Stützen des Thrones, und kein Offizierkorps verblutete sich für die Interessen des „obersten Kriegsherrn".

In der Nacht zuvor wurde Ebert von der Reichskanzlei aus angerufen und gefragt, wie er die gegenwärtige Lage beurteile. Ebert, der kurz vorher aus einer Versammlung der Betriebsräte zurückgekommen war, gab dahin Auskunft, dass die Situation überaus ernst wäre; die Massen könnten kaum mehr zurückgehalten werden, und das Schicksal werde nun seinen Lauf nehmen. In der Frühe des anderen Tags nahm er an einer entscheidenden Regierungskonferenz teil. Unter der Zustimmung sämtlicher Staatssekretäre wurden ihm vom Prinzen Max die Geschäfte des *Reichkanzlers* übertragen. Er übernahm in kritischster Stunde diesen Posten. In einer Proklamation an das Volk verkündete er: „Die neue Regierung wird eine Volksregierung sein."

Als prinzipienfester Demokrat betreibt er nach dem Novemberumsturz, der ihn zum Volksbeauftragten erhoben hatte, mit der ihm angeborenen Entschlossenheit die Wahlen zur Nationalversammlung. Bereits am 23. November erklärt er dem Vertreter der „Weser-Zeitung": „Ich bin fest überzeugt, für Deutschland ist die gesetzgebende Versammlung eine Lebensnotwendigkeit."

Auf der Reichskonferenz der Minister der Einzelstaaten am 25. November 1918 drängt er mit Anspannung aller seiner Kräfte auf die baldige *Einberufung einer konstituierenden Nationalversammlung.* Auf seinen Vorschlag hin wird als Ergebnis der Reichskonferenz festgelegt: *Aufrechterhaltung der Einheit Deutschlands* und *Berufung einer konstituierenden Nationalversammlung.* Bis zum Zusammentritt dieser Versammlung sollen die Arbeiter-und Soldatenräte die Repräsentanten des deutschen Volkes sein.

Dieses Programm hat Ebert strikt innegehalten. Als ihn am 6. Dezember 1918 Soldaten vor dem Reichskanzleramt zum Präsidenten der Republik ausrufen wollten, rief er ihnen mit starker Stimme zu: „Ich kann und will nicht annehmen, ohne vorher mit meinen Freunden in der Regierung gesprochen zu haben."

Über die Verfassungsform des Deutschen Reiches wollte er nicht die Diktatur irgendeiner sozialen Gruppe, sondern das ganze Volk entscheiden lassen. In der Regierung der Volksbeauftragten „überwog" er, wie Scheidemann bezeugt, bei weitem den Volksbeauftragten Haase. Er übernahm im Rate der Volksbeauftragten „Inneres und Militär". Schnell wuchs er in seine neuen Aufgaben hinein, er kam nach Scheidemann „ganz gut" mit dem Berufsmilitär, dem Kriegsminister Scheuch, aus.

In den ersten Wochen nach der Novemberrevolution ist Fritz Ebert Tag und Nacht auf den Beinen gewesen. Er sah mitunter acht bis vierzehn Tage seine Familie nicht. In der Tat, der Rastlose glaubte seiner Familie keine Minute schenken zu können; denn er musste jederzeit bereit sein, in das Chaos, das ihn rings umgab, persönlich ordnend eingreifen zu können. Mit Hochdruck trieb nämlich Karl

Liebknecht die Revolution im bolschewistischen Geiste „weiter". Er wollte auf dem Wege des bewaffneten Aufstandes die „Diktatur des Proletariats" aufrichten, und er organisierte die „rote Garde" zum Angriff auf die Regierung Ebert-Scheidemann.

Am 23. Dezember 1918 ledert in Berlin der Aufstand der Volksmarinedivision auf und Matrosen schließen die Volksbeauftragten in der Reichskanzlei ein. Sie setzen den Berliner Stadtkommandanten Otto Wels im Marstall gefangen und bedrohen ihn mit dem Tode. Am 24. Dezember erhält der General Lequie den Befehl zum Angriff gegen die rebellischen Matrosen. Die Lage der Regierung ist verzweifelt. Da telefoniert Fritz Ebert am Nachmittag des zweiten Weihnachtsfeiertags an Noske: *„Du musst sofort nach Berlin kommen."* Abermals hat Ebert den Mann entdeckt, der die eiserne Kraft zur Niederwerfung einer die Existenz der demokratischen Republik gefährdenden Rebellion besitzt.

Am 6. Januar wird Noske zum Gouverneur von Berlin eingesetzt, und dieser erstickt den Liebknechtschen Aufruhr in blutigen Straßenkämpfen. Karl Liebknecht und Rosa Luxemburg werden von reaktionären Offizieren feig und grässlich hingemordet.

Wenn die Demokratie über die „Diktatur des Proletariats" triumphierte, so ist das nicht zuletzt dem Volksbeauftragten Fritz Ebert zu danken. In der Sitzung der Deutschen Nationalversammlung vom 11. Februar 1919, die Ebert zum Reichspräsidenten erwählte, hat Dr. David mit lebenskräftigen Farben die schreckliche Gefahr gemalt, in der die deutsche Demokratie durch die Ausartung der Staatsumwälzung in einen wilden Bürgerkrieg schwebte. Er führte unter anderem aus: „In dieser gefahrschwangeren Stunde, in dieser Schicksalsstunde des deutschen Volkes trat Ebert an die erste Stelle. Dass die deutsche Revolution nicht dem Beispiel der russischen gefolgt ist, dass sie nicht, wie dort, in ein blutiges Chaos zur völligen Auflösung von Recht und Ordnung geführt hat, dass sie nicht zur Zerrüttung alles politischen und wirtschaftlichen Lebens geführt hat, das ist zum größten Teil das Verdienst des Mannes, den sie heute an die Spitze des Reiches berufen. So darf das deutsche Volk das Vertrauen haben, dass es der bewährten politischen Klugheit, Tatkraft und Willensfestigkeit des an die erste Stelle berufenen Mannes gelingt, auch weiterhin die junge Freiheit zu schützen vor allen Gefahren, sie kommen von rechts oder links."

Fritz Ebert hat den Boden für „die demokratischste Verfassung der Welt" geebnet. In der Weimarer Verfassung ist der demokratisch-soziale Geist, der schon im Jahre 1870 der Annexionspolitik Bismarcks mit rebellenhaftem Trotze entgegentrat, rein ausgeprägt worden. Der neue demokratisch-soziale Staat ist in seinen wirtschaftlich-sozialen Zielen weit über die Forderungen einer formal-politischen Demokratie hinausgewachsen. Das Wirtschaftsleben soll nach der deutschen Reichsverfassung den Grundsätzen der Gerechtigkeit mit dem Ziele der Gewährleistung eines menschenwürdigen Daseins für alle entsprechen. In der Weimarer Verfassung hat sich das neue Deutschland durchgesetzt, für das Fritz Ebert ein Menschenalter gerungen hat. Aus tiefster Überzeugung heraus hat er im August 1919 die Weimarer Verfassung beschwören können.

Sieben Monate später, am 13. März 1920, hatte er als Reichspräsident Gelegenheit, die von ihm beschworene Verfassung verteidigen zu können.

Am 10. März 1920 geht dem Reichswehrminister Noske ein von Berger unterzeichneter Bericht über die Gärung in der Reichswehr und in den Kreisen der alten Armee zu. Die Seele des Aufruhrs ist General Lüttwitz. Noske informiert sofort den Reichspräsidenten über die Vorkommnisse in der Reichswehr. Er weiß, *welche Stütze* er gerade in einer katastrophalen politischen Lage in der festen Entschlossenheit Eberts findet. Noske erfährt, dass Lüttwitz vom Reichspräsidenten Ebert empfangen werde. Er ruft Ebert telefonisch an und bittet zu der Aussprache mit Lüttwitz hinzugezogen zu werden. Ebert ist damit einverstanden. Lüttwitz packt das politische Programm der rechtsgerichteten Kreise aus: Neuwahlen, Wahl des Präsidenten durch das Volk, Fachminister.

Ebert bewahrt seine gewohnte Kaltblütigkeit. Er lässt sich durch die scharf vorgetragenen Forderungen eines säbelrasselnden Generals nicht einschüchtern. Er verbreitet sich mit voller Ruhe über die politische Lage und gibt dem angehenden Rebellen zu verstehen, dass der Appell an die Furcht in seinem Herzen kein Echo findet. Noske entgegnet dem Lüttwitz, kein General der Reichswehr dürfe mit Forderungen auftrumpfen. Er teilt ihm kurz mit, dass er ihm die Verfügung über die Marinebrigaden entziehe. Lüttwitz wird ganz klein, er versichert, er hege keine Abneigung gegen den Reichspräsidenten und gegen den Reichswehrminister. Er gibt dem General Oldershausen zu verstehen, dass er so mitgenommen sei, dass er sich sofort niederlegen müsse. Lüttwitz wird in der Aussprache so gedemütigt, dass Ebert annimmt, dass der General um seinen Abschied ein-kommen müsse.

Am 12. März 1920 hat der Reichswehrminister Noske sichere Beweise von einem hochverräterischen Anschlag gegen die Reichsregierung in der Hand. Noske ist entschlossen, den von Lüttwitz und Ehrhardt kommandierten Rebellen verfassungstreues Militär entgegenzuwerfen. Offiziere des Reichswehrministeriums erheben den Einwand, Reichswehr werde nicht auf Reichswehr schießen. Noske ruft in dieser ernsten Lage den Reichspräsidenten und Reichskanzler an und schlägt die Zusammenberufung

des Kabinetts vor, damit dieses durch einen entscheidenden Schritt die Situation klärte. *Ebert* bewahrt in dieser
Stunde der Gefahr eine *eiserne Ruhe*; er drängt auf einen
klaren und festen Entschluss der versammelten Minister.
Doch der Feind steht schon gerüstet vor den Toren Berlins. Auf ein kraftvolles Niederwerfen der Aufständischen
ist nicht mehr zu hoffen.

Gustav Noske hat in seinem Beitrag zur Geschichte der
Revolution „Von Kiel bis Kapp" die Situation am Vorabend
des Kapp-Putsches so geschildert: „Die Mitglieder des
Reichskabinetts kamen nach und nach, ebenso einige preu-
ßische Minister. Jeder wollte informiert werden. Zu einer
regelrechten Sitzung kam es nicht, *so sehr Ebert mit uner-
schütterlicher Ruhe bemüht war, eine kühle, überlegene Aussprache herbeizuführen.* Erneut wurde als Überzeugung des
Militärs festgestellt, die Aufnahme des Kampfes bedeute
zweckloses Blutvergießen, da der Erfolg der Rebellen
sicher sei. Darauf erhielt General Reinhardt – dieser wollte
die treuen Reichswehrtruppen gegen die Rebellen führen
(D.V.) –, der mit im Zimmer des Kanzlers weilte, während
die übrigen Offiziere in der Bibliothek standen, den Befehl,
die Truppen zu entlassen. Nach kurzer Aussprache kam
man überein, dass es unzweckmäßig sei, wenn alle Minister
in Berlin blieben, da sie durch Verhaftung aktionsunfähig
gemacht werden würden."

In früher Morgenstunde des 13. März verabschiedete
sich Ebert schnell von seiner Frau. Er teilte ihr nicht mit,
wohin er zunächst gehen würde. Sie sollte bei Anwendung
äußerer Zwangsmittel mit ruhigem Gewissen sagen können: sie wisse nicht seinen Aufenthalt anzugeben. Bald
nachher rückten die ersten Soldaten ein. Sie wunderten
sich, dass nicht an allen Wänden die Bilder der sozialdemokratischen Parteiführer hingen, sie erstaunten, dass
sie in den Wohnungen nicht die fabelhaften Schätze fan-

den, über die in den Kreisen Ehrhardts so merkwürdige Gerüchte umliefen.

Zunächst steuert der Reichspräsident auf Dresden zu, und als dieses auch noch nicht sicher vor putschistischen Überfällen zu sein scheint, geht er nach Stuttgart. Hier treten die Reichsminister zusammen, und hier vereinigen sich auch die Reichsboten. Ebert hält das Reichssteuer fest in den Händen, und in wenigen Tagen ist der Kapp-Putsch „erledigt". Er ist an dem kraftvollen Widerstand organisierter Arbeiter und Beamten zusammengebrochen.

Kultur fördern und Gegensätze ausgleichen

In Weimar ist die deutsche Verfassung geboren, in der der Humanitätsgedanke mit der sozialen Idee der modernen Arbeiterbewegung zusammenklingt. Der Reichspräsident Ebert hat wiederholt zu erkennen gegeben, dass er das große Erbe von Goethe und Schiller treu zu verwalten gedenke. In der „Goethe-Woche" in Frankfurt a.M. huldigte er dem großen Dichter, der das Nationale in das Menschliche hinausentwickelt hat, bei der Eröffnung der Schiller-Festspiele in Weimar rief er an der Stätte, wo die Großen des Reiches des Geistes Unsterbliches geschaffen haben, zur Begeisterung für alles Gute, Edle und Schöne auf. Vor dem demokratischen Einheitsgedanken des Jahres 1848 verneigte er sich tief, als in Frankfurt a.M. im Mai 1923 die Eröffnung der ersten deutschen Nationalversammlung gefeiert wurde. Wiederholt gedachte er in seinen Reden des *Wiederaufbaus* der europäischen Wirtschaft und Kultur, er bemühte sich rastlos, um eine wirkliche Verständigung der Völker herbeiführen, um damit der ganzen Welt Genesung und Gesundung bringen zu helfen.

Durch seine kluge und unparteiische Amtsführung gewann Fritz Ebert die Sympathien aller gerecht urteilenden Volkskreise. Er wurde daher am 24. Oktober 1922 im Reichstage mit 314 gegen 76 Stimmen und 1 Stimmenthaltung zum *verfassungsmäßigen Reichspräsidenten* bis zum 30. Juni 1925 gewählt. Als diese Wahl lebhaft diskutiert wurde, schrieb das Organ der Deutschen Volkspartei, die „Deutsche Allgemeine Zeitung": „Herr Ebert gewann während seiner Amtszeit in hohem Maße die Achtung des Bürgertums, namentlich *aller*, die sein erfolgreiches Wirken beurteilen konnten. Er zeigte sich in schwerer Zeit seinen gewiss nicht leichten Aufgaben weit eher gewachsen, als zu erwarten schien, und ist in der Erscheinungen Flucht der Nachkriegszeit eine seltene Ausnahme als Persönlichkeit, deren Ansehen und Bedeutung sich nicht minderten, sondern vermehrten. Der Ausgleich mit Frankreich, die mehr sachliche als rein politische Behandlung der Reparationsfrage, die Lösung manches andern internationalen Problems erscheinen möglich. Dies böte dem bewährten und daher gegenwärtig kaum ersetzbaren Staatschef Gelegenheit, sich das Vertrauen und die Dankbarkeit aller Deutschen zu gewinnen."

Am 11. Februar 1919 hat sich Ebert in der deutschen Nationalversammlung offen und stolz als Sohn des Arbeiterstandes bekannt, der in der Gedankenwelt des Sozialismus aufgewachsen ist und der weder seine Herkunft, noch seine Überzeugung jemals zu verleugnen gesonnen ist. Aber zugleich versprach er mit der ruhigen, vertrauenerweckenden Festigkeit, mit der er alle seine Entscheidungen abzugeben pflegt, sein Amt gerecht und unparteiisch zu führen. Und dieses Versprechen hat er treulich gehalten. Jede parteiische Rechthaberei ist ihm fremd, er will vereinigen, nicht scheiden, er will zusammen- und nicht auseinanderführen. Sein langjähriger Bremer Waffengefährte, Dr. Franz Diederich, sagt einmal mit Recht, dass das Handeln Eberts „auf eine Natur deutet, in der nach dem Wort des amerikanischen Lebensdenkers Emerson das Geheimnis Kraft hat, dass das Beste im Leben gegenseitiger Austausch, dass der größte Erfolg Vertrauen ist, das heißt, ein vollkommenes gegenseitiges Verständnis zwischen aufrichtigen Menschen. Man darf Ebert eine ausgleichende Strebigkeit zuschreiben. Aber das Wort will mit Maß benutzt sein. Es umfasst nicht alles. Denn er will ausgleichen, ohne der festen Entscheidung auszuweichen. Er weiß: Verhandeln ist notwendig; aber es wäre falsch und würde sich schwer rächen, dies Verhandeln-wollen für Schwäche zu nehmen, der das feste Zugreifen nicht gegeben ist." (Franz Diederich.)

Durch seine „ausgleichende Strebigkeit" hat Fritz Ebert die Institutionen schaffen helfen, in denen sich das neue Deutschland vollkräftig auswirken kann. Mit der Charakteristik dieser Institutionen und mit der Darstellung der aufbauenden Tätigkeit Eberts an diesen Einrichtungen schließt unsere kurze Arbeit ab. Wir würden uns einer unverzeihlichen Überhebung schuldig machen, wenn wir bei mangelnder Kenntnis der intimen Regierungsvorgänge heute schon über die verflossenen fünf Jahre deutscher Republik zu Gericht sitzen wollten.

Heute ringt das neue Deutschland erbittert um seine Selbstbehauptung. Das alte autoritäre, obrigkeitliche Regime ist noch nicht tot. Mehr oder weniger künstlich ist in ihm das Lebensfeuer entfacht worden. Vielleicht verbrennt es aber in eigener Flamme? Die nächsten Wochen und Monate werden schwere Zusammenstöße des neuen mit dem alten Deutschland bringen. Niemals aber wird die schöpferische Kraft des neuen Deutschlands, da keine Energie in dem großen Kosmos verschwindet, in nichts zerfließen. Diese Kraft wird Europa sozial und politisch neugestalten, denn sie hat es nicht nur *äußerlich* gehäutet, sondern auch *innerlich gewandelt.* Eine Wandlung, in der überall der leitende Kopf und die gestaltende Hand *Fritz Eberts* sichtbar werden.

Gegen das alte, von oben gegängelte Europa steht ein neues, sich selbst bestimmendes Europa auf, in dem die Arbeiter, Angestellten und Beamten nicht mehr passive Lasttiere, sondern *bewusste, selbsttätige Träger der Kultur* sind.

Das alte Europa wurde durch die militärisch-autoritären Dreikaisermächte stark beherrscht, die sich bei aller Gegensätzlichkeit ihrer Interessen in dem Gedanken der rücksichtslosen Niederhaltung der arbeitenden Demokratie zusammenfanden. Diese Mächte sind im Weltkrieg zusammengebrochen.

Das neue Deutschland ist vor allem durch die politische und wirtschaftliche Organisation der Arbeiterschaft aufwärts geführt worden. Heute zählen allein die freien Gewerkschaften circa 8 Millionen organisierter Arbeiter, und ihre Presse erschien 1922 in einer Auflage von 9 Millionen Exemplaren. In den Gewerkschaften ist eine „industrielle Demokratie" entstanden, die – nicht zuletzt durch die Institution der Betriebsräte – die Produktion wesentlich beeinflussen, rationalisieren und steigern kann. Von den 250.000 Betriebsräten Deutschlands sind 75–80% freigewerkschaftlich organisiert.

Die Arbeiterschaft hat sich machtvolle politische Organisationen geschaffen, durch die sie im Reich und in den deutschen Einzelstaaten wiederholt den politischen Kurs gesteuert hat. Sie befreite die Frau sozial und politisch und verlieh ihr das Wahlrecht. Die Arbeiterschaft rief eine umfassende wissenschaftlich hochstehende Literatur ins Leben, in der sie stets zu allen großen politischen und kulturellen Problemen Stellung nahm. Sie erschloss dem Volke die moderne Literatur und verknüpfte es in der großen, sich über ganz Deutschland erstreckenden Volksbühnenbewegung mit der Kunst.

Die Arbeiterschaft setzte ferner ihre starken Kräfte ein, um die Angestellten und die Beamten aus den Fesseln eines autoritären Herrentums zu lösen. Die Angestellten verfügen heute über leistungsfähige, sich ganz in den Bahnen der Gewerkschaftspolitik bewegende Verbände. Nach der Revolution taten große Beamtenvereinigungen das bürokratische Kastenwesen von sich ab, das sie zu bloßen Werkzeugen eines obrigkeitlichen Staates herabdrückte. Im Jahre 1923 kam ein D r e i b u n d der gewerkschaftlichen Arbeiter, der freien Angestellten und der Beamten zustande. Die Grundlage des modernen Staates ist durch das organisierte Beamtentum im großen Umfange demokratisiert worden. Mit einem Wort: das neue Deutschland lebt und ringt sich elementarkräftig empor.

Die *schöpferischen Kräfte* dieses Deutschlands hat *Fritz Ebert* vor allem mit entfesseln und in politische Bahnen leiten helfen – und das ist sein großes, *historisch-kulturelles* Verdienst.